1839 年，虎门销烟

1851 年，太平天国运动爆发

1898 年，京师大学堂设立

1912 年，清帝退位

1840 年，鸦片战争爆发

1894 年，甲午海战

1899 年，大生纱厂建成投产

一米阳光童书馆
LITTLE RAY OF SUNSHINE

编　　者：一米阳光童书馆成立于 2012 年 8 月，由几位志同道合的知名童书推广人和海归妈妈共同组建而成。童书馆以"每一本好书，都是照进孩子心中的一米阳光"为核心理念，用父母心，做平凡事，致力于用现代手法叙述传统故事，全力帮助每一位孩子爱上阅读，开启更加丰富的人生。

YuZhi 奂知 手绘组
YuZhi　Freehand Drawing Group

绘　　者：奂知文化手绘组，享誉国内的顶级手绘工作室，成立于 2015 年，团队成员来自游戏设计、壁画、影视、艺术品设计、舞台、雕塑、油画等行业，坚持精细化创作，致力于通过手绘方式为读者带来"革命性阅读体验"。

创作团队：　项目策划　刘祥亚
　　　　　　项目统筹　牛瑞华　张　娜　崔珈瑜
　　　　　　美术顾问　樊羽菲　支少卿　谢步平　王少波　程建新　徐　杨　申　杰　周　爽　邓称文
　　　　　　文字撰写　李智豪　沈仲亮　余瀛波　郭梦可　牛齐培　陈阳光　吴　梦

阅读建议

亲爱的读者朋友们，欢迎您打开这套书，走入中国历史文化的长廊，共同感受 5000 年中华文明的璀璨成果。为了便于大家阅读，特做出几点说明：

（1）此次历史文化之旅的起点是距今约 70 万到 20 万年之间的北京猿人，终点是 1912 年清帝退位。在几十万年的历史长河中，我们选择了 104 个专题，每个专题由两部分组成，第一部分是以手绘大图的形式进行历史场景的还原，第二部分是相关主题的知识问答（每个专题分设了 8~10 个小问题）。

（2）每个历史场景都像一个展览橱窗，展示了中国历史上的高光时刻，在欣赏画面的同时，还可以关注画面四周的文字，我们设置了许多与历史事件相关的知识点、兴趣点和思考点，家长陪伴孩子阅读和对画面进行讲解的时候，可以参考这些内容。

（3）专题知识采用一问一答的形式，在设置问题的时候，我们充分考虑了孩子的认知水平和兴趣点，并针对全国十余所中小学的学生做了上万份调查问卷，力求站在孩子的角度问出他们最感兴趣的问题，并用孩子听得懂的方式进行解答。

（4）每个专题既相对独立，又有时代上的联系性，可以作为随手翻开的历史百科书。我们在每册的开篇还设置了"历史长河站点示意图"，读者朋友们可以通过这个示意图查看每个主题的位置和关联。

图书在版编目（CIP）数据

清朝兴衰 / 一米阳光童书馆编；奂知文化手绘组绘
. -- 北京：北京联合出版公司，2020.12（2024.4 重印）
（手绘中国历史大画卷）
ISBN 978-7-5596-3801-4

Ⅰ.①清… Ⅱ.①一… ②奂… Ⅲ.①中国历史—清代—儿童读物 Ⅳ.①K249.09

中国版本图书馆 CIP 数据核字（2020）第 187861 号

手绘中国历史大画卷8：清朝兴衰

编　　者：一米阳光童书馆
绘　　者：奂知文化手绘组
出 品 人：赵红仕
选题策划：阳光博客
责任编辑：周　杨
封面设计：阳光博客+李昆仑

北京联合出版公司出版
（北京市西城区德外大街83号楼9层　100088）
北京联合天畅文化传播公司发行
天津创先河普业印刷有限公司　新华书店经销
字数 166 千字　787毫米×1194毫米　1/8　8印张
2020 年 12 月第 1 版　2024 年 4 月第 4 次印刷
ISBN 978-7-5596-3801-4
定价：798.00 元（全 8 册）

一米阳光童书馆◎编　　　臾知文化手绘组◎绘

手绘中国历史大画卷 ⑧

—— 清朝兴衰 ——

北京联合出版公司
Beijing United Publishing Co.,Ltd.

目 录

清军入关

山海关

　　1644 年 4 月，多尔衮率八旗军浩浩荡荡抵达山海关，明朝将领吴三桂开关迎入。两军会合后，在山海关附近击溃闯王李自成的部队，清军进入北京城，一个新的王朝登上历史舞台。

旗帜上『誓讨顺贼』中的『顺贼』指的是谁？想知道答案吗？请到后文中寻找答案吧。

八旗军

吴三桂是明朝守将，为什么要开关将清军迎入？他与李自成的关系又是怎样呢？请到后文中寻找答案吧！

山海关城墙上的一名士兵正低头看着这历史性的一刻，他在哪儿呢？

誓讨顺贼

多尔衮   吴三桂

你知道吗？八旗不仅仅包括满族人，还包括降附的蒙古人和汉人（皇太极在 1635 年编成"八旗蒙古"，1642 年又编成"八旗汉军"），八旗满洲、八旗蒙古、八旗汉军的成员都入"旗籍"，称为"旗人"。

3

山海关因何而得名？

山海关，位于燕山和渤海之间，是明长城东端的关隘，有"天下第一关"之称。早在战国时期，此处就曾修筑长城。1381年，为抵御蒙古人和女真人，明朝大将徐达组织人力在此修建关城，因该关口周边有山有海，因此命名为"山海关"。建成之后，山海关以东的区域被统称为"关外"，以西长城以内的区域则被称为"关内"。

"天下第一关"山海关

皇太极为何要改国号？

满族人源自于女真，爱新觉罗氏原为建州女真一部，隶属明朝建州卫管辖之部众。1616年，女真族人努尔哈赤在今东北地区建国称汗，建立"金"，史称"后金"。1636年，皇太极在盛京称帝，把国号改为清，把年号改为崇德。

关于皇太极改国号这个问题，《太宗皇帝实录》里并没有给出原因。对此人们有很多

皇太极调兵信牌，以满、蒙、汉三种文字书写"宽温仁圣，皇帝信牌"八字，皮套黄地彩绘升龙戏珠纹。信牌为皇帝专用，是调动军队的凭证

猜测：有人从音韵学角度思考，认为这是因为清和金在满语里的读音相似；也有人从阴阳五行上解释，觉得这是在遵循"水克火"的规则；还有人从民族关系方面给出解释，认为改国号是为了避免中原人想起受到后金掠夺和威胁的那段痛苦记忆……这件事到现在都还没有定论。

总之，皇太极改国号为清，改原本年号"天聪"为"崇德"，这是清朝划时代的历史事件。

李自成是如何崛起的？

当后金勃兴于辽东时，在西北又有一支新兴的政治军事力量崛起。崇祯年间，以李自成为首的农民起义军在陕西揭竿而起，且规模不断扩大。这样一来，明朝政府不得不面临两线作战的压力。

对于农民起义，明朝统治集团一直采取高压政策，不惜一切代价，几度将起义军击溃。

1640年（崇祯十三年），清军围困明朝在关外的重镇锦州。锦州的战略地位十分重要，一旦失守，会直接威胁到山海关的安全，因此，明廷立刻把原本用来对抗李自成的西线兵力调至关外，使起义军得到喘息，并得以迅速发展。

1644年（崇祯十七年），李自成在西安称帝，定国号大顺，年号永昌。同年，李自成接连攻破大同、宣府、居庸关，并最终攻陷了紫禁城，崇祯帝在煤山（今景山）上吊自杀，明朝灭亡。

永昌通宝，李自成大顺政权铸造的铜钱

吴三桂为什么要倒戈？

吴三桂（1612—1678年），字长白，锦州总兵吴襄之子，崇祯年间任宁远总兵，封平西伯，镇防山海关。皇太极曾多次劝降，并许以优厚待遇，但是，吴三桂要么婉拒，要么不予回应，即便明朝在关外只剩下了他守卫的一座孤城——宁远（今辽宁兴城），他也决不投降。

1644年4月，李自成连获大捷，形势急剧恶化。崇祯帝这才下决心放弃宁远，调吴三桂率部进京，以对抗起义军。大概在4月16日，吴三桂率宁远军民二十多万人向山海关进发。由于人数众多，到22日才进关，26日到丰润（今河北唐山），但李自成在前一天就已经进入北京。

陈圆圆像，"秦淮八艳"之首，吴三桂爱妾

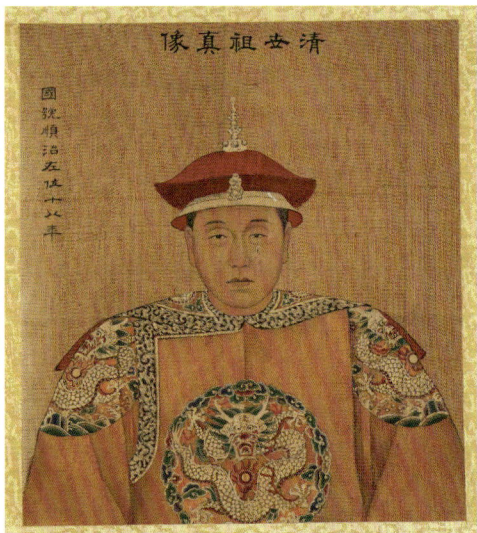

顺治皇帝像，清军入关时，他只有6岁，朝政由摄政王多尔衮和孝庄太后共同管理

显然，吴三桂此时再进京"勤王"已经没有任何意义，摆在他面前的路只有两条：向李自成投降，或者投降清军。

吴三桂原本拿不定主意，打算静待形势变化再做决定。但李自成先发制人，拿出大量赏赐和敕书一道，封吴三桂为侯。吴三桂接受了优厚的条件，率部入京。然而，李自成在京城拷掠明官，四处抄家，吴三桂的父亲吴襄也在其中，而且吴三桂的爱妾陈圆圆也被大顺军将领刘宗敏占为己有。

吴三桂得知后顿感奇耻大辱，怒气冲冲地率部返回山海关，由归降大顺改为与之决裂。这就是"冲冠一怒为红颜"的由来。

吴三桂是如何与多尔衮结盟的？

返回山海关后，吴三桂派遣自己的部下给清朝的摄政王多尔衮送去了"请兵信"。这封信的核心思想就是向清求援，请求清出兵帮他报仇，灭掉"流寇"。一些人把这封信看成是吴三桂在向清朝"请降"，其实是误解。

在信中，吴三桂说自己是"亡国孤臣"，请清出兵帮他报君父之仇，以再度中兴明朝，并承诺会割让领土作为酬谢。吴三桂在信中多称"我朝""我国"，称清朝为北朝，泾渭分明。他还为清军划定了进兵线路，都是皇太极屡次入关的旧路，即绕过山海关，由长城突入。而山海关和界岭口等重要关隘，仍然由吴三桂牢牢把守。由此可以看出，吴三桂内心一直将清军置于"客兵"的地位，仍然认为自己是明朝臣子。

但是，在接到吴三桂的请兵信后，多尔衮对关内局势产生了新的看法，他并没有按照吴三桂划定的路线走，而是立即改道向山海关进军，直接入关。

1644年5月，多尔衮率领八旗军与吴三桂会兵，于一片石战役中击败了李自成率领的大顺军。多尔衮迎顺治帝入京，清迁都至北京。

吴三桂后来怎么样了？

吴三桂在引清兵入关后，曾先后于西北、西南地区肃清活跃着的抗清农民军和南明（北京失陷后，由明朝宗室在南方建立的多个流亡政权的总称）余部，之后被封为平西王，成为镇守西南边境的藩王。可以说，他是大清统一事业的功臣。

但是，随着自身实力逐渐增强，吴三桂俨然在西南建立了一个"独立小王国"，与清廷的关系也越来越紧张。

康熙年间的"三藩之乱"中，吴三桂病死。

什么是"三藩"？

清朝初年，统治者采取以汉制汉的策略，分封几位有功的汉人将领，让他们在灭南明后分镇南方各省，并集军政大权于一身。清廷册封吴三桂为平西王，镇守云南；封孔有德为定南王，镇守广西；封尚可喜为平南王，镇守广东；封耿仲明为靖南王，先镇守广州、后又移福建，史称"四王"。后来，定南王孔有德及其儿子被杀，只剩一女孔四贞，其封国及爵位由于无嗣而终止，所以就只剩下了三个藩王，史称"三藩"。

吴三桂在昆明的金殿

三藩之乱是怎么回事？

康熙亲政后，敏锐地察觉到三藩已经成为国家的心腹大患，将其列入自己必须要解决的三件大事（三藩、漕运、河务）之中。但是，由于当时的财力和兵力有限，康熙并未立即采取行动，他在等待一个合适的时机。

1673年（康熙十二年），这个时机终于到来。平南王尚可喜主动请求撤藩回辽东养老，康熙答应了他的请求并表示赞赏。这个行为释放出的信号引起了另两位藩王的警惕，他们也相继自请撤藩，以此试探康熙的态度。康熙认为"撤亦反，不撤亦反"，果断下令撤藩。于是，吴三桂率先起兵，随后耿精忠（耿仲明之孙）、尚之信（尚可喜之子）及广西将军孙延龄等也先后响应，史称"三藩之乱"。

刚开始，由于清军准备不足，被叛军占领了云南、贵州、两广等地。后来，康熙调整战略，选择坚决打击吴三桂，对其他叛变者则实行招抚，通过分化反叛力量来孤立吴三桂。

1681年（康熙二十年），历时八年、祸及大半个中国的三藩之乱终于平定。平定三藩，标志着清朝真正完成统一，开始了稳定的王朝统治。

应喀尔喀各部王公之请，康熙帝命人建造了一座规模宏大的寺院（汇宗寺），以纪念这次大会盟。

多伦诺尔会盟

1691年，康熙帝召集蒙古各部王公在多伦诺尔举行会盟。这次会盟意义深远，不仅将漠北地区纳入清廷的直接管辖，还在北部边疆筑起了一道铜墙铁壁，为彻底解决准噶尔问题奠定了基础。

这场空前的阅兵充分展示了清朝的国威，喀尔喀人感到大为震惊，并为之慑服。

清

御营

康熙皇帝

蒙古各部王公

喷火表演

在宴会过程中，有各种杂技、木偶演出助兴，参加宴会的人也兴致勃勃，有一个王公贵族高兴地将自己的酒一饮而尽，你能找到他吗？

康熙皇帝命人扎了很多帐篷，邀请蒙古各部王公在此聚会，并进行阅兵、会盟，还特意从京师带来了四头大象，装饰华丽，象征祥和。

贵族营帐

修建中的汇宗寺

等待检阅的军队

木偶表演

清

你知道吗？从五月初一到初六，会盟一直持续了六天。康熙对哲布尊丹巴、喀尔喀三部首领各赏银千两，蟒缎、彩缎各十五匹。

据康熙身边的法国传教士统计，拥有9000～10000名骑兵、1200名步兵、400～500名炮兵、70门炮的八旗精锐参加了阅兵和演习。

←← 多伦诺尔在哪儿？ →→

多伦诺尔，清代内蒙古地区宗教和商业中心，位于察哈尔草原的东南部、燕山山脉的北部边沿地带。

在蒙古语里，多伦诺尔表示七个湖泊的意思，因此康熙帝在这里组织的与蒙古各部王公的会盟又称"七溪会阅"。

经法。学习期间，噶尔丹表现优异，深得五世达赖的器重。按照这样的趋势，他原本会成为藏传佛教的高级活佛，但后来事情发生了变化。1653 年，巴图尔珲台吉去世后，他的第五个儿子僧格即位，几年后，僧格被弟弟车臣台吉和卓特巴巴图尔杀害。因此，噶尔丹还俗返回厄鲁特蒙古，后成为准噶尔部的领袖。

作为一个学识渊博、地位崇高的佛教高僧，噶尔丹受到了大家的敬仰，甚至在准噶尔部的地位近乎于"神"，这也是没有军队和封地的他，能在准噶尔权力之争中取得成功的原因之一。

多伦诺尔会盟纪念碑

为什么要会盟？

清初，蒙古分为三大部落，分别是漠南蒙古科尔沁、漠北蒙古喀尔喀、漠西蒙古厄鲁特。其中，漠南蒙古最先归附清廷，而其他两大部落虽向清朝遣使通贡表示臣服，但实际上不受清廷的有效控制和约束，因此成了一大隐患。

1688 年（康熙二十七年），趁着喀尔喀内乱的时机，厄鲁特准噶尔部首领噶尔丹大举进攻喀尔喀三部。后来喀尔喀战败，活佛哲布尊丹巴带领着喀尔喀部十余万人归附清朝，并受到恩待。但是，喀尔喀蒙古各部仍然纷争不止，而且不仅有噶尔丹插手，还牵扯到沙俄的外部势力，情形可以说相当复杂。

为调解喀尔喀蒙古各部之间的矛盾，加强北方边防及对喀尔喀蒙古的管理，康熙帝于 1691 年在多伦诺尔与蒙古各部王公进行会盟。

康熙帝为什么要征讨噶尔丹？

当时，东北有沙俄入侵，西北有噶尔丹叛乱，双方暗中早有勾结，如果联兵，必定会直接威胁到清朝的统治。这种情况下，康熙不得不予以高度重视。

1690 年（康熙二十九年），噶尔丹率军近两万人，以追击喀尔喀部为名攻犯内蒙古。康熙派理藩院尚书阿喇尼、兵部尚书纪尔他布率六千多蒙古骑兵前往阻止，结果失败。

随后，康熙兵分两路：左路由抚远大将军福全（裕亲王，康熙之兄）率领出古北口；右路由安北大将军常宁（恭亲王，康熙之弟）率领出喜峰口，康熙则亲自带兵在后面坐镇指挥。面对康熙的军事部署，噶尔丹并没有流露出畏惧情绪，他提前在乌兰布通摆好阵势，使用"驼城"（噶尔丹带来上万头骆驼，命令军队绑住骆驼蹄子，让其卧倒在地上，将蒙上湿毛毯的木箱放在驼背上，环列为营，这就是"驼城"）战术来对抗清军。但是，清军向乌兰布通推进时，用大炮猛攻"驼城"，很快将其攻破。由于抚远大将军福全惧战，轻易相信了对方的乞和请求，致使噶尔丹逃脱。

噶尔丹为什么能成为准噶尔部的领袖？

噶尔丹（1644—1697 年），厄鲁特蒙古准噶尔部巴图尔珲（hún）台吉之子。噶尔丹在出生后不久就被认定为温萨活佛的转世灵童，年幼时入藏跟随五世达赖喇嘛学习

《清郎世宁画阿玉锡持矛荡寇图》
阿玉锡是准噶尔人，后投效清廷。1755 年（乾隆二十年）准噶尔汗达瓦齐与沙俄勾结叛乱，阿玉锡立下战功凯旋，同年受乾隆召见。为表彰其功勋，乾隆命郎世宁为他画像

康熙帝后来捉住噶尔丹了吗？

1696年（康熙三十五年），康熙决心第二次御驾亲征，以绝后患。这次他部署军队分三路出击：黑龙江将军萨布素从东路进兵；大将军费扬古率归化城（今内蒙古呼和浩特市旧城）和宁夏的兵力，从西路出发，堵住噶尔丹的后路；康熙亲自率领中路军，从独石口出发。三路军队分开前进，计划对噶尔丹进行夹击。途中，中路军最先碰到敌军先锋，而此时东西两路人马都还没有到达。

噶尔丹得知康熙亲征的消息，迅速撤退。西线的费扬古采取诱敌深入战术，在昭莫多一带设下埋伏，把噶尔丹军队诱入包围圈中，重创对方。噶尔丹率数骑逃脱，其他人员、物资和六万余头牛羊全部被清军所获。

1697年（康熙三十六年），康熙亲自监督指挥第三次围剿，命令马思哈、费扬古两路出兵。此时的噶尔丹众叛亲离，身边只剩下五六百人，而准噶尔部已产生新的领袖，与清廷交好，北方的沙俄对屡战屡败的噶尔丹已无兴趣，拒不接纳他。走投无路的噶尔丹最终服毒自杀（也有说他是病死的）。

御碑亭，用满、汉、蒙、藏四种文字记载了康熙皇帝平定噶尔丹的经历，位于今呼和浩特市旧城席力图召和小召（崇福寺）内

康熙为什么要出兵西藏？

可以说，康熙年间的西藏问题是准噶尔部叛乱的余波。

策妄阿拉布坦是噶尔丹的侄子，噶尔丹夺走他父亲的汗位后，他就逃至博罗塔拉（今新疆博乐县地），招募父亲旧部，企图复仇。策妄阿拉布坦经常会向朝廷表忠心，在噶尔丹自杀后，他就表示会将其叔父的尸体送往北京。康熙见他如此忠顺，就让他来统率噶尔丹余部。

1716年（康熙五十五年）冬天，策妄阿拉布坦命其弟率领六千兵力向西藏进发，次年进入西藏，杀害拉藏汗，推翻了和硕特贵族在西藏的统治，他们还占领了布达拉宫，大肆抢劫，连寺庙也没能幸免。

康熙得知此事后，大为震怒，迅速派兵入藏平叛。1718年，清军由青海进藏攻

清政府驻藏大臣衙门遗址陈列馆

打准噶尔部军队，但由于准备不足而战败。直到1720年，康熙第十四子胤禵（tí）率清军第二次出兵，才成功将准噶尔军驱逐出西藏。

驱逐了准噶尔部之后，清廷在西藏设置噶伦，总办西藏行政事务，由藏族官员担任，加强了对西藏的直接管理，并派遣军队驻扎拉萨，以维持治安。

知识拓展：满蒙联姻最早要追溯到什么时候？

自古以来，任何征服和统治，都伴随着军事斗争和权力博弈，而联姻也是一种常见的政治手段。满蒙之间的政治联姻，早在清军入关前就开始了。

1612年，努尔哈赤听说科尔沁贝勒明安的女儿博尔济吉特氏"颇有丰姿"，便"遣使往聘，明安许焉"。这大概是史料记载里满蒙最早的通婚活动。

皇太极时期，联姻活动十分频繁，皇太极后宫中地位高贵的"崇德五宫后妃"全部来自蒙古，而皇太极也把自己的多位公主嫁给了蒙古贵族。这样一来，满蒙上层贵族联姻成为传统。

多伦诺尔会盟后，清廷仿漠南蒙古盟旗制度，在漠北设四盟、八十六札萨克旗。满蒙联姻的地域和部族范围也由漠南蒙古扩大到漠北蒙古、漠西蒙古。

经过康熙、雍正、乾隆三朝的军事、联姻、宗教等一系列政策后，西北地区的统治日渐稳定。

如何评价康熙帝的功业？

康熙帝7岁登基，13岁亲政，在位61年，是中国历史上在位时间最长的皇帝。他除鳌拜，定三藩，收台湾，开创"康乾盛世"，使清王朝达到了鼎盛。在他奠定的基础上，清朝开拓了1300多万平方千米的广阔疆域，按照当时的版图，西起巴尔喀什湖以东、以南和帕米尔高原，接中亚细亚；东到日本海、渤海、黄海、东海，库页岛、台湾及其附属岛屿；北抵戈尔诺阿尔泰、萨彦岭、外兴安岭至鄂霍次克海；南至南沙群岛的曾母暗沙；西南达喜马拉雅山脉，包括拉达克。

所以，《清史稿》评价康熙之功时，说"虽曰守成，实同开创"，将他的贡献与开国之君相提并论。

康熙帝画像

康熙南巡

　　康熙帝在位期间曾经多次南巡，从表面上看，南巡是为了欣赏南方的山水风景，但实际上，南巡的主要目的还是考察民情，解决社会问题。

皇帝到访在当时是极大的荣耀，有几位负责接待的人员正在认真商量准备晚宴的事宜。你能找到他们几个吗？

曹寅　　　康熙帝

接驾的当地官员

你知道吗？《红楼梦》里令人惊叹不已的大观园原型，就是康熙南巡时在江宁的驻跸处——江宁织造府。

这只蜻蜓在什么地方？快找一找！

江宁织造府

曹寅是谁？他与康熙皇帝有什么特殊关系？快去后文中寻找答案吧！

你能找到这个鬼鬼祟祟地躲在柱子后面的人吗？

←← 为什么康熙皇帝喜欢出巡？ →→

清朝的皇帝出身游牧民族，大多喜欢骑射游猎，康熙皇帝也不例外。他经常到热河避暑，到木兰围场去狩猎，还到关外及京畿附近各处巡幸。根据《康熙实录》，他几乎每年都有驻跸（bì）在外的记录。从1684年（康熙二十三年）开始，他又每隔几年到江南出行一趟。

康熙南下巡游视察共有6次，时间分别是：1684年、1689年、1699年、1703年、1705年、1707年。

康熙南巡是为了游山玩水吗？

当然不是。在六次南巡中，前三次是为了调查了解洪水灾情，后三次是为了亲自部署治河。

明末清初，由于战事频繁，黄河没有得到及时治理，水灾时常发生。仅从顺治到康熙初年，就已经决堤八十余次，多地受灾。这样不仅会淹没宿迁以东的今江苏淮安七州县，甚至还会危及南北运输的动脉——大运河。所以，康熙南巡大多与此相关。

此外，笼络和安抚汉族知识分子也是南巡的目的之一。比如，第一次南归途中，康熙到曲阜孔庙祭孔，特书"万世师表"悬挂在大成殿中，并决定重修孔庙，以示正统。

曲阜孔庙大成殿内匾额，"万世师表"为康熙帝御笔题书，"斯文在兹"为光绪帝御书

为什么要画《康熙南巡图》？画面中都表现了什么内容？

为铭记南巡壮举，康熙帝在第二次南巡结束后，于1689年命内府征召天下名家，筹备绘制南巡图长卷。

当时主持这件事的是善于绘画的兵部主事员外郎宋骏业，他极力推荐江南名师王翚（huī），并得到了康熙帝首肯。王翚先是画出十二卷草稿，在所绘各地古迹、名胜之处都贴上黄签，书写其名，呈请康熙御览审定后，再率领冷枚、杨晋、王云等众多画家，按十二卷草稿绘制其正本，耗时6年，终于完成全卷。

这幅连环式长卷以写实手法绘制了康熙第二次南巡从京师永定门出发经由山川、城池到返回皇宫的全部过程。作品以鲜明的色彩和工整的手法，真实、细致地表现了南巡所经之处的风俗人情、河流水文、名胜古迹以及商业繁荣的情况，一定程度上表现出了清初的社会生活风貌和人民的生产劳动状况，具有珍贵的史料价值和艺术价值。

该画卷原本收藏于清宫中，后散佚。如今只有几卷藏于北京故宫博物院，其他的都在美国、法国和加拿大等国的博物馆或者私人收藏家手中。

《康熙南巡图》（局部）

南巡队伍有多少人？如何解决这些人的衣食住行问题？

据记载，康熙每次南巡随行人员基本不超过300人。为了不影响地方百姓的生活，康熙规定：南巡所花费用由内务府负责开支，就地采购的东西也由内务府按市价支付。从康熙赏赐地方官员鹿肉、糟鹿尾、糟野鸡、马奶酒等食品看，南巡也确实携带了大量食物，但住行所需，却不可能完全随身携带。

尽管康熙帝三令五申说不要叨扰当地百姓的正常生活，实际运作中，需要接驾的地方还是会消耗大量人力、物力、财力。比如，1705 年的第五次南巡，从江宁至镇江走的是陆路，仅 130 里（清代长度单位，1 里相当于今天的 576 米）的路程就要用轿夫 2400 名，除工钱外，赏银就有近三千两，这些花销都要从地方上缴国库的正项钱粮中开支。

为什么到了江南总要住在织造府？

南巡时，在住所方面，为了尽量不扰民，康熙帝一般都会选择留在御舟上过夜，即便驻跸于陆地，也会尽量选择远离人群集区的远郊。

但是，一旦到了江南，情形就会不一样，苏州、江宁、杭州三处织造府就相当于内务府在南方的办事处。因此，历次南巡到这三地，皇帝都驻跸织造府。

唯有一次例外。1684 年康熙第一次南巡，正值江宁织造曹玺病故，在织造府中出殡，于是康熙就住在了将军署中。

江宁织造府复原模型

内务府腰牌

内务府是什么机构？

内务府是清朝负责皇室宫廷事务的专门机构，其长官称内务府总管大臣，由满族王公担任。内务府的雏形出现于努尔哈赤时期，待清军入关后，内务府逐渐由服务于各旗旗主的机构转变为服务于皇室的宫廷事务机构。

内务府与户部不同，户部相当于如今的财政部，里面的钱是公款，皇帝一般无权动用。即使要用，也得经过层层审批，还要详细说明打算把钱用到什么地方、准备用多长时间、会不会还、什么时候还。倘若没有正当且充分的理由，即便是皇帝也不能随便从户部拿钱。所以，清朝历代皇帝要用钱的话，大都会动用内务府的钱，不到万不得已，不会去找户部。

曹寅是谁？为什么他能四次接驾康熙帝？

曹寅（1658—1712 年），曹玺之子，曾任苏州织造、江宁织造，与康熙帝关系甚密。不过，曹寅最出名的一个标签，大概还是他的孙子——《红楼梦》的作者曹雪芹。

织造府是一个专为皇室督造和采办绸缎的机构，还承担监管机户和征收机税等事务。织造府的织造由内务府直接委任，往往是皇帝心腹，可以随时向皇帝密奏各种情况。康熙年间，曹寅先为苏州织造，后又调任江宁织造。继任苏州织造的是李煦（xù），是曹寅的舅兄（妻子的哥哥）。杭州织造是孙文成，又是曹寅母亲一方的亲属。可以说，江南三大织造都由曹家把持着。

曹家之所以有这样的势力，主要是因为曹寅的母亲曾是康熙幼时的乳母，曹寅年幼时又当过康熙的侍读，所以在康熙一朝，曹家的地位十分显赫。

在《红楼梦》里，曹雪芹以人物闲话的形式点出甄家的富贵和尊荣。第十六回中，赵嬷嬷说："还有如今现在江南的甄家，嗳哟哟，好势派！独他家接驾四次，若不是我们亲眼看见，告诉谁谁也不信的。"

实际上，这个接驾四次的"甄家"的原型正是曹雪芹家族。康熙南巡到了江宁，曹雪芹的祖父曹寅曾接驾四次。

清代画家孙温笔下的大观园
《清孙温绘全本红楼梦图》是清代画家孙温所创作的绢本工笔彩绘，现存画面总计 230 幅，生动描绘了千古奇书《红楼梦》的主要情节，现收藏于大连旅顺博物馆

知识拓展：曹家是如何由盛转衰的？

从《红楼梦》里便不难发现答案，第十六回中，赵嬷嬷说，甄家接驾"把银子都花的淌海水似的"。可以说，康熙南巡就是曹家大起大落的主要原因之一。

也正因为如此，康熙才会一直默认让曹寅和李煦轮流担任两淮盐差，以弥补其亏空。1712 年（康熙五十一年），曹寅病逝于扬州。在处理后事时，曹家发现还有一笔二十多万的庞大债务未还，上书请求皇帝怜惜，康熙当时也默认了这件事。

但是，曹家在康熙晚年介入了诸子夺嫡之事，站到了八皇子一方，导致后来即位的皇四子（雍正帝）对曹家心怀不满。1727 年（雍正五年），曹頫（曹寅继子、曹雪芹父亲）被革职入狱，三处织造也因此受到牵连，众亲散尽。曹氏家族的权势与风光就此终结，曹家在江南织造府半个世纪的兴衰荣辱，就是一部现实版的《红楼梦》。

东归英雄渥巴锡

　　1771年，在承德避暑山庄，乾隆皇帝隆重接待了一群风尘仆仆的来客。这群来客刚刚完成了一场惊心动魄的民族壮举，他们就是卫拉特蒙古土尔扈特部的首领渥巴锡等人。

1771年4月，定边左副将军车布登札布向朝廷奏报说俄方派人来通报土尔扈特部举部东返，清政府才得知这一消息。

乾隆皇帝

土尔扈特部的部众

渥巴锡

土尔扈特部的东归并非心血来潮，而是经过了长期的秘密准备，早在 1767 年，渥巴锡就决定要东归故土，因为被叛徒告密而未能实现。

表示欢迎的众大臣

面对皇帝亲自宴请的荣耀，有一个土尔扈特部的部众代表忍不住回过头和同伴分享这份喜悦，你能找到他吗？

准备启程后，渥巴锡率领一万名土尔扈特战士断后，他带头点燃了自己的木制宫殿，表明了同沙俄彻底决裂的决心。

←← 渥巴锡为什么被称为东归英雄？ →→

渥巴锡（1742—1775年），出身蒙古土尔扈特部贵族家庭，19岁继承汗位，29岁时率领部众东归，一路上历尽千辛万苦，终于从西伯利亚的伏尔加河流域回到清朝新疆伊犁地区。当时这一壮举轰动了全世界，渥巴锡被称为"东归英雄"。

1775年，渥巴锡因为长途奔波积劳成疾，因病逝世，年仅33岁。

土尔扈特东归雕像

土尔扈特部当初为什么要离开故土？

土尔扈特部是一个古老的蒙古族部落，祖上曾担任过成吉思汗的护卫，是卫拉特（清朝称厄鲁特）四部之一。卫拉特在明朝时称为瓦剌，首领也先当政时，卫拉特势力达到极盛，曾发动让明朝元气大伤的土木堡之变。也先死后，瓦剌逐渐衰落，迁移至我国西北的新疆地区。

明末清初，卫拉特蒙古有四个大的部落：土尔扈特部、和硕特部、杜尔伯特部和准噶尔部。其中，准噶尔部实力最强，不断侵占其他各部的领地。迫于准噶尔部的压力，土尔扈特部西迁至伏尔加河沿岸。

伏尔加河，全长3530千米，是欧洲第一大河，更是世界最长、流域最广的内流河，被俄罗斯人称为"母亲河"

西迁后的土尔扈特部过得怎么样？

西迁之初，伏尔加河下游沿岸地区尚未被沙俄占领，土尔扈特部在河畔水草丰美的地方定居，开始新的生活，并建立了国家——土尔扈特汗国。然而好景不长，北面的沙皇俄国便开始了对外扩张的步伐。

沙俄先是从军事方面施加压力，在伏尔加河沿岸修筑军事要塞，不断施行武力侵扰，同时命令哥萨克人东迁，侵占土尔扈特人的牧场。18世纪初，沙皇彼得一世发动对瑞典和土耳其的战争，从土尔扈特部征调了一万余名士兵。此后，在历次沙俄对外作战时，土尔扈特部青年都是主要征兵对象，导致部落人员损失惨重。

此外，沙俄还试图干涉其宗教信仰。尽管土尔扈特部一度远离故土，其民众及上层贵族对藏传佛教信仰的坚持却从未减弱。在西迁的一百余年里，他们反复派人前往西藏，邀请喇嘛、高僧前往伏尔加河讲经。面对土尔扈特部这一宗教传统，沙俄选择无视，并强迫他们改信东正教。

以渥巴锡为首的土尔扈特部首领认为，再这样下去，等待部落的必定是灭亡，因此他们决定迁移以改变现状。

土尔扈特部和清朝的关系怎么样？

土尔扈特部西迁后，和故土的联系始终没有断绝，多次遣使向清朝进贡。清朝方面，从康熙到乾隆时期，准噶尔部落之乱一直都是朝廷的心头大患，因此清廷也与土尔扈特部保持着积极的联系，以期东西夹击准噶尔。

1712年（康熙五十一年），康熙帝派出图里琛使团，取道西伯利亚，前往伏尔加河下游访察土尔扈特部，土尔扈特首领派出使团回访清政府，加深联系。1756年（乾隆二十一年），土尔扈特部遣使吹扎布，从沙俄取道，经三年抵达北京，向乾隆帝进贡珍宝。

1757年，乾隆帝终于彻底消灭准噶尔汗国，平定了天山南北。对土尔扈特人来说，这是一个好消息，让他们背井离乡的敌人终于被消灭了。于是，土尔扈特部首领渥巴锡选择重返故乡，回归祖国。

东归途中经历了哪些困难？

1771年1月初，那是一个暖冬，伏尔加河河面并没有结冰，西岸的部众无法渡河，而渥巴锡又担心再待下去会陷入危险境地，因此他忍痛抛下对岸同胞，率领近十七万部众迅速启程。

消息传到圣彼得堡之后，叶卡捷琳娜女皇极其愤怒，派出大批哥萨克骑兵追赶。为了迅速摆脱追兵，渥巴锡把队伍分成三路，全速前进，2 月 1 日便抢渡乌拉尔河，进入白雪皑皑的哈萨克草原。

3 月，严寒天气夺去了许多士兵和牧民的生命。沙俄和哈萨克骑兵联合了 2 万人，堵住他们的前进道路。挫败、绝望的情绪在队伍中蔓延，许多人对能否顺利东归一度产生动摇。但在渥巴锡的坚持和鼓励下，大家还是继续向着东方前进。

为了避开哈萨克人，土尔扈特人只好选择走沙漠地带。此时气温已转暖，缺粮少水的他们用牛马的生血解渴，致使瘟疫大流行，死了好几万人。

一路上，他们历尽千辛万苦，冲破沙俄和哈萨克数万军队的围追堵截，付出了巨大牺牲，终于在 7 月中旬进入伊犁河流域，踏上了故土。此时土尔扈特部众仅剩下 6 万余人。

叶卡捷琳娜二世·阿列克谢耶芙娜，后世尊称其为叶卡捷琳娜大帝，是俄国历史上唯一一位被冠以"大帝"之名的女皇。她在位时治国有方、功绩显赫，俄帝国向南、向西扩张，疆域达到鼎盛，使当时的俄国成为名副其实的欧洲第一强国

清代土尔扈特银印，方形，虎钮，錾刻满、蒙文"乌讷恩苏珠克图旧土尔扈特部卓里克图汗之印"，全印文意为"忠诚的旧土尔扈特部英勇之王"，为 1775 年（乾隆四十年）清颁发给土尔扈特部的官印，现藏于新疆维吾尔自治区博物馆

清廷是如何接纳东归部落的？

在得到土尔扈特部回归的消息后，乾隆皇帝经过一番分析，认为他们是真心回归，于是采用收抚的方针，对部落首领及部众进行妥善安置。

乾隆帝封渥巴锡为卓里克图汗，其他各部首领也被封为亲王、郡王等，诏书还特意用蒙古文书写。乾隆帝调拨银两和大量物资接济土尔扈特部，使民众得以温饱，又派出官员勘察水草丰美之地，把巴音布鲁克、乌苏、科布多等地划给土尔扈特部做牧场。

当然，清廷对归来的土尔扈特部也并非全无戒心，所以按东、西、南、北四路对其进行分盟安置，其中，渥巴锡所领的南路土尔扈特人，其后代就生活在如今的新疆巴音郭楞蒙古自治州和静县、和硕县。

乾隆帝在哪儿接见了渥巴锡？

1771 年 7 月，伊犁参赞大臣舒赫德向渥巴锡等人传达了乾隆的旨意，邀请他们前往避暑山庄会面。舒赫德还带来一份敕书，这份敕书用满文和蒙古文写成，称赞并欢迎了土尔扈特人的回归。

不久，在地方官员的陪同下，渥巴锡一行取道乌鲁木齐，入张家口，直奔承德朝觐。此年正逢普陀宗乘之庙落成。乾隆在这所庙宇接见了渥巴锡，用蒙古语询问了渥巴锡归来的情形及土尔扈特的历史。接下来的日子里，乾隆多次举行盛宴招待渥巴锡等人。

为了纪念土尔扈特部东归这一壮举，乾隆下令在这座刚刚竣工的庙里竖立起两块巨大的石碑，用满、汉、蒙、藏四种文字铭刻他亲自撰写的《土尔扈特全部归顺记》和《优恤土尔扈特部众记》。

普陀宗乘之庙是乾隆帝为了庆祝崇庆皇太后八十岁寿辰而建造的庙宇，由于修建样式仿西藏布达拉宫，因此又叫"小布达拉宫"

滞留在伏尔加河的土尔扈特人后来怎么样了？

渥巴锡东归之后，沙俄分割安置了剩下的土尔扈特人（亦称为"卡尔梅克人"），将他们的放牧区域限制在很小的范围内。后来，沙俄又对他们多次征兵，吞噬了大量青年劳动力，进而导致卡尔梅克人的牧场被其他部落侵占。可以说，卡尔梅克人的命运充满苦难。

如今，卡尔梅克以自治共和国的身份存在于俄罗斯联邦内，是欧洲唯一信仰佛教的地区。从承继不变的宗教信仰上，仍然能看出蒙古血脉对他们的深远影响。

御制《土尔扈特全部归顺记》

徽班进京

京剧是我们的国粹，形成于清嘉庆、道光年间，然后风靡大江南北，上至王公贵族，下至贩夫走卒都为之痴迷。而一切的源头，都要从1790年火爆京城的徽班进京说起……

徽派建筑

徽班进京

在京剧中，"红脸"的扮相往往代表着人物忠义、耿直的性格，比如"三国戏"里的关羽。

你能在画面中找到这个辛苦工作的年轻人吗？

紫禁城

徽班演出

←← 为什么被称为"徽班"？ →→

早在明末时的安徽青阳一带，徽州声腔已趋流行，同时安徽优伶技艺已显露头角，形成了全新的徽派戏剧。

到了清朝中期，安徽、江苏等地兴起了许多戏曲班社，主要唱"二黄"声腔，兼唱昆曲、梆子等，又和湖北黄州一带民歌结合。经过安徽、湖北艺人的长期努力，二黄戏又增添了新内容。

当时他们也在戏风最盛的扬州巡演，因艺人多为安徽籍，以演唱徽腔为主，便被称为"徽班"。

《同光十三绝》是晚清画师沈容圃绘制于清光绪年间的一幅工笔写生戏画像。该画绘有老生、武生、小生、青衣、花旦、老旦、丑角，均是清代同治、光绪年间徽班进京后扬名的十三位著名京剧演员。《同光十三绝》为研究京剧早期的服饰、扮相和各行角色的艺术特征留下了极为珍贵的形象资料

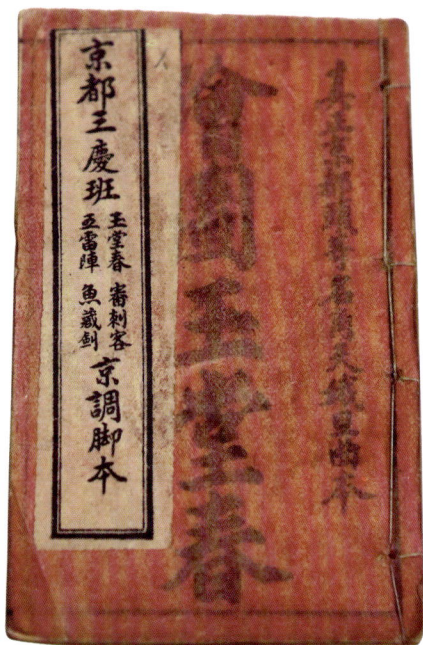

三庆班的脚本

三庆班为什么能火爆京城？

1790年秋天，为了庆祝乾隆帝八旬寿辰，安徽商人江鹤亭在安庆组织了一个名为"三庆班"的徽戏戏班子，由台柱子高朗亭率领进京参加祝寿演出。

高朗亭擅长二黄腔，饰演旦角，演技炉火纯青。《日下看花记》里夸赞他"体干丰厚，颜色老苍，一上氍毹（qú shū，代指戏台），宛然巾帼，无分毫矫强。不必征歌，一颦一笑，一起一坐，描摹雌软神情，几乎化境"。因此，三庆班在北京越演越火。

原本只为向皇帝祝寿的三庆班在演完祝寿戏后，竟然让京城百姓欲罢不能，于是他们就顺势留在北京继续进行民间演出。

当时共有多少个徽班进京演出？

在三庆班进京获得巨大成功后，四喜、启秀、霓翠、和春、春台等安徽戏班也纷纷效仿，陆续进京，一时间，北京的戏曲市场几乎全被徽班占领。

到了嘉庆末年，以唱昆曲为主的启秀、霓翠先后散班，北京就出现了以三庆、四喜、和春、春台四班为主的局面，于是便有"四大徽班"之说及后人误传的"四大徽班进京"。

四大徽班各有所长，有"三庆的轴子、四喜的曲子、和春的把子、春台的孩子"说法。其中"轴子"指连演整本大戏，"曲子"指擅长演唱昆曲，"把子"指以武戏见长，"孩子"指以童伶见长。

徽班进京与乾隆南巡有关系吗？

有关系。乾隆年间，社会稳定，商业发达，文化积淀越发深厚。这一时期，诗词小说、书画园艺、建筑文物等艺术都得到长足发展，戏曲艺术更是呈现出一派繁荣景象。

当时，戏曲演出风靡全国，在南、北形成了两个戏曲中心。北方以全国政治、文化中心北京为荟萃之地，南方则以商业重镇扬州为集中场所。

自1751年（乾隆十六年）开始，乾隆帝先后六次南巡，途中经过扬州。扬州地方官员听说乾隆帝喜爱戏曲，便不惜花大力气请来著名戏班，为乾隆帝表演各种戏曲。这进一步繁荣了戏曲艺术，使扬州城内外各种高水平的演出频繁不断。渐渐地，徽班成了扬州城里的佼佼者，得到南巡的乾隆赏识，这才有了后来的徽班进京。

京剧是如何诞生的？

徽班进京后，汉戏也陆续进入北京。所谓汉戏，又名"楚调""汉调"，是流行于湖北汉水一带的地方戏曲剧种。汉戏进入北京时，徽班正如火如荼，再加上徽戏和汉戏早有交流，所以汉戏演员在进入北京后，大都搭上徽班合作演出。

汉戏进入徽班后，徽班的声腔曲调得到极大丰富，演唱水平又上了一个新台阶。在汉戏的影响下，徽班的演出形式逐渐发生变化，由诸腔杂陈变为创新的皮黄腔，京剧就是以皮黄为主要腔调。

就这样，到了嘉庆、道光年间，京剧诞生，迅速风靡周边的天津、河北、山东等省市，直至红遍全国。

京剧扮相

色，如后台帮唱、锣鼓打击乐等，为平民大众喜闻乐见。

此外，清皇室对戏剧的痴迷也起了推动作用。康熙时就组建了清代内廷演戏和演乐的机构——南府，到了乾隆时期，把社会中的戏曲引入宫廷，多次召宫外艺人进南府演出，乾隆还在圆明园、颐和园等皇家园林中斥资兴建戏台。每逢节庆，宫中便有频繁的演出。

皇帝喜欢看戏，王公大臣们纷纷效法。如今北京的恭王府是保存最为完整的王府，里面就有怡神所大戏楼，京剧名家程长庚、谭鑫培等都在这座戏楼演出过。恭王府中有自己的戏班，还有专属教习给戏班教戏、编戏。帝王贵族们的爱好，逐渐成为京城中流行的风尚。

为什么京剧会如此受欢迎呢？

首先，相比精巧雅致的昆曲，京剧的音调朴实简易，艺术表现也更为自由多样。京剧不拘泥于既有的曲谱形式和辞藻典故，在台词中化用方言俚语，在表演时保留了原汁原味的地方特

恭王府大戏楼

位于什刹海北岸的恭王府是世界上现存最大的四合院，大戏楼也叫怡神所。整个大戏楼是纯木结构，采用三卷勾连搭式屋顶，戏楼内厅堂很高大，但收音效果非常好，即使在大堂最边远的角落，戏台上的唱词也听得清清楚楚

"压轴"究竟指什么？

不少人经常会误解"压轴"这个词，认为它是最后登场的意思。其实，"压轴"不是最后一个节目，而是倒数第二个节目。最后一个节目应该称为"大轴"。

"压轴"这个说法来源于戏曲行业。在过去，剧作家写剧本时，会把它写成一个长卷，卷底有一个卷轴，方便把长卷卷起来。从内容和位置来看，剧本里戏词的结尾最靠近卷轴，所以叫"大轴"，而"大轴"前面的倒数第二场戏，也就顺理成章地被称为"压轴"。

乾隆年间，徽班在北京演出时一般会分好几个轴子：先演出的叫"早轴子"，然后是"中轴子"，接下来是引人入胜的"压轴子"，牢牢吸引住观众，免得戏还没有演完，台下观众就接二连三走掉了，最后才是热热闹闹的"大轴子"送客。

知识拓展：戏台上的"堂威"有什么作用呢？

在欣赏戏曲时，经常会看见这样一幅场景：立在"大堂"两侧的那些举旗、挎刀的仪仗兵，有时会齐声发出一阵深沉的"噢——"。其实，这是戏剧中的一种"堂威"。通常有两种作用：吓唬被审的犯人，起心理上的威慑作用；提醒或警告坐在堂中的官大人，让他审慎一些，别干出格的事。

前一种情况还比较容易理解，后一种情况就有点儿特别。举个例子，如《空城计》里，马谡失守街亭，按律当斩。马谡自知只有死路一条，但他向来和诸葛亮关系不错，仍心存侥幸，以"家有八十老母"为由，求对方饶他一命。这时诸葛亮也心软动摇了，于是仪仗队发出堂威声，提醒丞相：执法不能徇私情，促使诸葛亮最后下决心："斩！"所以，这堂威声算得上是古代的一种"群众监督"。我们看戏时，不能认为它可有可无，它所起的作用，是其他表现形式无可代替的。

诸葛亮挥泪斩马谡

《斩马谡》是京剧传统剧目，常与《失街亭》《空城计》连演，简称"失空斩"

马戛尔尼来华

　　经历康熙、雍正、乾隆三代皇帝的励精图治,清朝国力达到巅峰,但是在来自英国的马戛尔尼使团看来,所谓的盛世不过是末日余晖。不论是政治、经济,还是科技水平,腐朽的清朝已然落后于世界发展的潮流。

远道而来的英国使团带来了很多礼物,并试图向清朝统治者展示自己的强大,但是他们却得到了意料之外的结果。

蒸汽机模型

地球仪

望远镜

托马斯·斯当东

马戛尔尼

国书

副使乔治·斯当东

当时船上随行的还有四名中国传教士：李神父、周神父、安神父与王神父，他们在意大利教廷学习结束后搭顺风船回国。

和珅

钦差大臣徵瑞

从画面来看，双方的会面好像并不愉快，究竟发生了什么事呢？

在中国传教士的帮助下，托马斯·斯当东的中文进步很快，当时的很多照会文件都出自他手，后来，他不仅成了当时中英关系的专家，还成了一名汉学家。

←← 为什么说康乾盛世不过是末日余晖？ →→

康乾盛世，又称康雍乾之治，经历了康熙、雍正、乾隆三代皇帝一百三十多年的励精图治，清代社会各个方面都迎来了较大发展。但从马戛尔尼使团回国后的报告可以看出，他们认为当时的大清徒有大国的声势，实则国防松弛，武备陈旧，军队训练还是弓马技击，只为仪仗，不堪作战。

而且，在"盛世"的光环下，还有很多现实问题，普通老百姓生活困苦不堪。比如，当使团的船行驶于内河时，官员们强迫大批百姓来拉纤，一天"约有六便士的工资"，但不给回家的路费，所以很多人拉到一半就连夜逃跑了。"为了找到替手，官员们派手下的士兵去附近村庄，拉村民加入民夫队。兵丁鞭打试图逃跑或以年老体弱为理由要求免役的民夫的事，几乎没有一夜不发生。"

银胎绿珐琅嵌宝石右旋海螺，是六世班禅额尔德尼特为庆祝乾隆皇帝七十大寿敬献，现藏于北京故宫博物院

马戛尔尼是谁？他为什么要来中国？

乔治·马戛尔尼，英国贵族、政治家、外交家，曾经担任过印度马德拉斯的总督，也曾作为特使访问俄国，与叶卡捷琳娜女皇进行谈判。

1793 年，马戛尔尼为英国正使率领使团出访大清，这是中国历史上接待的第一个西方使团。马戛尔尼奉英王乔治三世之命出访，名义上是为乾隆皇帝祝寿，实际上是寻求建立新的外交和贸易关系。马戛尔尼在 1792 年离开英国前夕，被乔治三世封为伯爵，足见当时英国对出访中国的重视。

英王乔治三世（1738—1820 年），全名乔治·威廉·弗雷德里克

英国为什么要派使团来华？

1776 年，北美 13 个殖民地成功独立，英国的商业利益遭受巨大损失，不得不调整外交策略，致力于与新的国家建立良好的通商关系。

显然，拥有潜在广阔市场的中国成了英国的目标。然而，清廷的对外贸易政策在逐渐收紧，对英国十分不利。

1757 年（乾隆二十二年），清廷撤销江、浙、闽三海关，广州成为全国唯一合法的对外贸易港口。为防止外国商人直接与中国商人做生意，清廷又指定一些商人作为中介，这些中介商人所开设的对外贸易的组织称为"洋货行"，俗称"十三行"。在这样的政策下，外国商人只能在澳门居住，到广州贸易，交易时必须通过十三行，贸易期结束之后必须离开广州。而且，当时广东官员腐败严重，外国商人都不喜欢和他们打交道。

这也是使团一行人并没有停经广东的原因。他们直接抵达天津大沽口，上岸乘车到达热河行宫（今河北承德避暑山庄），想与清朝皇帝建立直接的外交联系。

清朝广州十三行

为了出使中国，使团都做了哪些准备？

马戛尔尼之前一直是英国驻印度殖民地的主要官员，因此对清朝国情有一定了解。正是在他的建议下，英国使团打着为乾隆庆祝八十大寿的旗号来华，并受到了清廷的热烈欢迎。

出行前，马戛尔尼精心挑选使团成员，不仅有外交官、海军军官，还有天文学家、医生、画家、技师、乐师等许多专业人才，就连所带的贺寿礼品也很用心，都是英国人深感自豪的先进仪器，如野战炮、蒸汽机模型、地球仪、毛瑟枪等。马戛尔尼

英国"狮子号"战舰模型
使团乘坐的船只也是经过精心挑选的。使团船队中最大的是"狮子号"军舰，是英国海军提供的，装有 64 门火炮，是当时的英国三等军舰

认为，只有这样才能向中国皇帝证明英国的强大实力。

在17、18世纪，由于访华传教士的介绍，中国曾一度成为欧洲人心向往之的圣地。比如，伏尔泰就曾说过：“在道德上欧洲人应当成为中国人的徒弟。”马戛尔尼正是在这样的文化氛围中成长起来的中国迷。他对中国极其向往，又有英国正使的外交身份，为此，他做足了准备，购置了近一个世纪以来在欧洲出版的所有关于中国的书籍，在漫长的旅途中潜心阅读，尽力掌握中国的情况。

使团的中国之行愉快吗？双方是否发生过争执？

对于祝寿而来的马戛尔尼使团，清政府一开始十分欢迎，并表现出前所未有的重视。乾隆帝还连颁数道谕旨，亲自确定了体恤优礼的接待方针。他不仅破例允许使团从天津上岸，而且命令沿海各省地方官做好接待工作，还向使团提供丰富的食物。

1793年8月5日，马戛尔尼一行人抵达天津白河口，之后换小船到大沽。8月9日，使团离大沽赴北京，途中在通州停留，与礼部官员发生争执。礼部官员要求马戛尔尼按照各国贡使觐见皇帝的一贯礼仪，行三跪九叩之礼，但是被他坚决拒绝。

9月13日，使团抵达热河（今河北承德），向中国政府代表和珅递交了国书，并就礼仪问题再度发生争执。最终，双方还是达成协议，英国作为独立国家，其使节行单膝下跪礼，不必叩头。

为什么会有礼仪之争？

从表面上看，双方的争议点聚焦在“磕头”，但本质上其实是中英双方的自我认知及外交理念上的差异。

这在使团刚上岸时就可见端倪。在换船的时候，英国人注意到了一些细节，比如船的长幡上用中文写着“英吉利贡使”。此外，中国官员把礼品清单里的“礼物”改成了“贡物”。虽然只是一字之差，含义却完全不同。

“贡”字体现了中国传统的朝贡体系。在朝贡的秩序下，所有出使中国的行为都是“朝贡”，所有外国使节都是“贡使”，他们携带的礼物都是“贡物”。

但马戛尔尼遵循的是近代主权国家平等交往的原则，他认为清朝皇帝和英国国王是平等的，英国从来都不是中国的藩属国，自然也不能按照藩属国来对待。

马戛尔尼虽然对清政府使用“贡”字感到不满，

但为了顾全大局，他没有指出这个问题。然而，清廷后来要求马戛尔尼对乾隆三叩九拜，这触犯了他作为英国使节的原则和底线，他为此据理力争，礼仪之争由此发生。

郎世宁笔下的乾隆皇帝朝服像

马戛尔尼向乾隆皇帝提出了哪些请求？

使团提出了六项请求：允许英国商船到宁波、舟山、天津等地贸易；允许英国商人像以前的俄商一样在北京设立商馆进行买卖；将舟山附近一处海岛划给英国商人居住和存放货物；在广州附近划出一块地方，允许英国商人自由来往，不加禁止；从澳门运到广州的英国商货可减免税务；确定船只关税条例，照例上税，不额外加征。

这些请求，有一部分是为了改善贸易关系，有一部分有殖民主义侵略性，但全部被乾隆帝拒绝。

马戛尔尼使团真的一无所获吗？

从马戛尔尼的出使目的和最终结果来看，这次出使失败了。马戛尔尼的随员安德逊说：“我们的整个故事只有三句话：我们进入北京时像乞丐，在那里居留时像囚犯，离开时则像小偷。”

然而，使团的中国之行也并非一无所获。通过这次出访，英国对所谓的大清盛世有了充分了解，为日后进入中国市场打下了基础。

马戛尔尼及其随从团员撰写了大量回忆录，成为欧洲研究清朝的珍贵资料。他们还对中国的山川河流、农林畜牧、科技发展等诸多方面进行了深入考察和研究。以植物为例，英国每年都要花大笔白银从中国购买茶叶，英国人一直希望能将茶的栽培和加工技术学到手，从而减少对中国茶叶的依赖。当使团途经产茶区时，昏聩的两广总督长麟居然允许他们选取数棵上佳茶树带回。后来，马戛尔尼使团成员丁维提博士把茶树送至印度加尔各答培育，导致后来中国的茶叶出口量大减。

罂粟（yīng sù）花绚烂华美，是一种很有价值的观赏植物，但是罂粟却是制取鸦片的主要原料，因此，罂粟这一美丽的植物也被称为"恶之花"。

虎门销烟

　　1839年6月，林则徐奉旨在广东虎门销烟，只听他一声令下，一箱箱罪恶的鸦片被投入销烟池，就地销毁。这次事件唤醒了国人对于鸦片危害性的认识，林则徐也因此被称为"民族英雄"。

销毁鸦片为什么要倒入石灰呢？这是因为石灰遇水便沸，将石灰倒入盐水池，并充分搅拌，鸦片就会被溶解。

观看销烟的外国人

盐水池

林则徐曾试图使用传统的"烟土拌桐油焚毁法"销毁鸦片，但烟膏油会渗入地下，吸毒者掘地取土，仍得十之二三。于是他找出第二种方法"海水浸化法"。

有很多外商、领事、外国记者、传教士前来虎门参观，不过没有英国人，他们对林则徐的禁烟政策十分不满。

这个奋力捣毁鸦片的年轻人在哪儿呢？

东印度公司的船只

石灰

林则徐

除了洋人，很多清朝的官员也见证了销烟的过程，你能找到这位拿着扇子的官员吗？

当时，外国人并不相信林则徐能够销毁所有鸦片，在现场亲自观看后都惊讶万分。

为什么选择在虎门销毁鸦片？

虎门，位于广东东莞，地形狭长，处于珠江入海口附近的狮子洋与伶仃洋交界处。由于虎门的地理位置优越，是通往广州的海上门户，所以清廷曾在此设重兵防守，并设有包括虎门炮台在内的十一座炮台。

鉴于虎门的重要位置，钦差大臣林则徐选择在此销毁缴获的鸦片。

虎门炮台

鸦片是什么时候传入中国的？

鸦片原产西亚，唐代的药典中已有作为宁神剂使用的记载。在明代的《本草纲目》中已把鸦片视为药品，一一列出其药效和用法，还记载了从罂粟花中提炼鸦片的方法。

中医用鸦片入药，是配合其他药物煎服使用，这与后来"抽鸦片烟"的行为完全不同。关于抽鸦片烟传入中国的途径，一般认为是由荷兰人传到台湾，然后又从台湾传入闽粤各地。

鸦片很容易让人上瘾，烟民的数量迅速增加，鸦片的进口数量由雍正年间的一年输入一百多箱，增长到乾隆中期的一千多箱，到了道光年间，英国的东印度公司垄断了鸦片贸易，输入中国的鸦片数量增长到了一年几万箱。

抽鸦片的工具

东印度公司与当代跨国公司一样吗？

17世纪初，英国、荷兰、葡萄牙、法国等国先后在东半球的印度、印度尼西亚、马来亚等地成立东印度公司。这些国家是世界上主要的殖民国家，它们在东半球的争夺极其激烈。最终，英国东印度公司取得了胜利。

值得注意的是，同样是从事跨国贸易，东印度公司与当代的跨国公司并非一回事。东印度公司从本国政府那里获得贸易独占权，能够拥有自己的军队，还能在殖民地建立政府机构，对殖民地进行政治统治、经济掠夺甚至是奴隶交易。严格来说，东印度公司属于军事、政治、经济职能合一的殖民机构。

清政府为什么决定禁烟？

18至19世纪，中国与西方国家贸易的进出口总价值大约为每年2000万两白银，三分之二为出口，三分之一为进口，中国有三分之一的贸易顺差。西方商人以英商为主，以白银偿付贸易差额。到了19世纪中期，鸦片贸易逆转了这一格局，英商享有三分之一的顺差，导致中国白银的大量外流，每年流失的白银超过1000万两。

鸦片贸易不仅导致白银外流，还严重危害了国民的健康。吸毒者包含社会各个阶层，上至贵族官僚，下至贩夫走卒。长期沉迷鸦片使人精神恍惚，体能变差，军队作战能力下降。林则徐在奏折中称："如果不赶快禁烟，几十年后，恐怕没有能作战的士兵，也没有充作军饷的白银了。"

对此，清廷不得不高度重视道。1839年（道光十九年）3月，奉道光帝谕令，林则徐抵达广州开展禁烟工作。

林则徐雕像

林则徐为什么要向英国女王发出外交文书？

在实际工作中，林则徐意识到国人对于大清以外世界的无知，因此开始有意识、有目的地收集外文报刊和书籍进行翻译。他组织了自己的翻译班子，译有《世界地理大全》《滑达尔各国律例》等书刊，这些都是研究近代史的重要文献资料。

当时的英国女王维多利亚

林则徐还按照西方的外交惯例，发出了一封谕英国女王书，即《檄谕英吉利国王书》。在文书中，他向英国女王提出了监管商贩、禁止携带鸦片的要求。

在今天看来，林则徐当年精心书写的文书在内容措辞上仍有诸多不妥：比如称中国是天朝上国，地大物博，英国货物等“外来之物”对中国来说“可有可无”；比如要求英国女王收到文书后立刻停止鸦片贸易，“切勿诿延”。但是，作为第一份以照会形式颁发的外交文书，《檄谕英吉利国王书》在中国外交史及中西交流史上具有重要价值。

林则徐是如何禁烟的？

经过一番调查，林则徐调整了禁烟方针，从整治吸食行为转变为阻断鸦片流通。他要求洋商们在限期内上缴鸦片，并保证今后来华贸易永不夹带鸦片，否则货物全部没收，人立即正法。鸦片收缴工作到5月中旬基本完毕，共收缴2万余箱。林则徐原本打算把收缴的鸦片全部运送回京，后因运输不便，改成了就地销毁。

6月3日，林则徐开始在虎门销毁鸦片。销毁的过程比较麻烦，需要在海滩上的销烟池内灌入水，再加入食盐，使池水成为盐卤。然后把一箱箱鸦片运到池边，打开烟箱，把鸦片切开捣碎，投入池中。待浸泡一段时间后，撒下烧透了的石灰，盐卤会迅速沸腾起来。兵丁们手拿铁锄、木耙等工具来回翻搅使鸦片完全销熔，待海水退潮后再打开销烟池的涵洞，鸦片会随着浪花被冲入大海。在涵洞上还安置有网筛，以防未销熔的大块鸦片流出。

整个销烟过程持续了20天左右，林则徐专门发出告示，准许外国人到场参观。因此，观看销烟过程的不仅有大批中国人，还有外国传教士和商人等。

虎门销烟与鸦片战争有关系吗？

有，虎门销烟是第一次鸦片战争的导火索。禁烟运动直接损害了英国资产阶级的利益，使他们发动了对中国蓄谋已久的侵略战争。

1840年6月，英国舰队在广东海面集结，宣布对广州和珠江口实施封锁，鸦片战争爆发。按照常理，英方和林则徐隔阂严重，理应先攻打广州，但是林则徐早有准备，军舰和炮台配合防守严密，英军只得留下四艘军舰和一艘武装轮船封锁广州，其他战舰全部北上。

7月2日，英军路过厦门，因为清楚此处是战略要地，便想把宣战书递交给地方官。然而，他们多次将战书呈交给当地官员、船主，想让他们将战书转交给皇帝，但没过多久，投递的信件却又回到了他们自己手中。不过这个消息还是传到了刚接任闽浙总督的邓廷桢那里，他迅速做出反应，命令军队严防死守，一天时间内，厦门沿海炮台的巨炮由5门变成了8门，守卫军队也从原本的25人增加到200多人。英军发现后，派人乘坐一艘挂有白旗的小船来交涉，结果守卫的士兵不知道白旗的含义，双方进行了小规模战斗。

同时，4艘英国战舰攻陷浙江定海，然后沿运河北上，8月抵达天津大沽口，道光帝十分惊恐，就派直隶总督琦善与英军谈判。1841年初，英军占领香港岛。清廷感到有失尊严，又同英军作战。但战斗一年多，清军节节失利，英舰到达南京长江江面。1842年，清政府被迫接受了英国提出的议和条款，签订了中国近代史上第一个不平等条约——《南京条约》。

林则徐后来的命运如何？

鸦片战争爆发后，道光帝对林则徐产生了怀疑，再加上英方的施压，林则徐被革职。后来，林则徐被朝廷贬斥至新疆伊犁，慨然写下“苟利国家生死以，岂因祸福避趋之”的千古名句。

流放途中，他与魏源在镇江相遇，把自己尚未完成的《四洲志》交给魏源。之后魏源以《四洲志》为蓝本，开始进一步广泛搜集资料，终于编写成《海国图志》。

到了伊犁后，林则徐得到了伊犁将军布彦泰的敬重和照顾。布彦泰经常向林则徐请教边防、民生方面的问题，两人齐心协力，为当地百姓开辟良田、开挖水渠，做了很多实事。1845年开始，林则徐被重新起用。1850年，洪秀全的“拜上帝会”在广西发动武装起义，林则徐受命为钦差大臣，去广西平定拜上帝会，但是于途中病逝。

林则徐是晚清官员中的开明派，他坚决禁烟，抵抗外国侵略，捍卫了国家主权。他还主张学习西方先进技术，发展民族工商业，被国人称为“睁眼看世界的第一人”。

曾国荃攻克南京

1864 年 7 月，曾国藩的弟弟曾国荃率湘军攻陷太平天国的国都天京（今南京），历时十四年、波及十八省的太平天国运动终于结束了。

有一支湘军队伍已经成功攻入南京，正在和守城的太平军激烈地战斗着，你能在画面中找到这一幕吗？

湘军

曾国荃

从画面上来看，湘军似乎在人数上更占优势，但事实并非如此，那湘军是如何取得胜利的呢？请到后面的内容中寻找答案吧！

曾国荃性格十分高傲，史书记载他"少年奇气，倜傥不群"，而且据说每次打了胜仗后，都要回乡买田盖房，有衣锦还乡的意思。

洪天贵福

天京城

太平军

画面中有一位作战十分勇猛的湘军将领正在认真地指挥着大家进攻，你能找到他吗？

洪秀全死后，他的长子洪天贵福继承了他的位置。后来，天京失陷，洪天贵福成功出逃，几个月后还是被清军俘获，被处死时年仅15岁。

←← 曾国荃为什么被称为"曾铁桶"？ →→

曾国荃，湖南湘乡白杨坪（今属双峰）人，晚清重臣曾国藩的九弟，湘军主要将领之一，人称"九帅"。在与太平天国的作战中，曾国荃是曾国藩的重要助手。1856年，曾国荃从湖南募兵三千增援江西吉安，对吉安采取"铁桶合围"之策，在城墙外围挖掘深壕，切断城内太平军与外界的联系，于1858年攻下吉安。这一战，让他声名远扬。在吉安一役中，曾国藩看到了弟弟带兵打仗的才能，此后就把曾国荃率领的吉字营湘军看作是自己的嫡系部队，处处给予照顾。曾国荃没有辜负兄长的期望，作战勇猛，攻无不克。

曾国荃在吉安首次使用"铁桶合围"战术并取得成功后，此后攻打安庆、天京（今南京），都使用了这一招。这一战术看似呆板，却非常有效，成了太平军的克星。曾国荃因此赢得了"曾铁桶"的绰号。

然而，曾国荃和他手下的将士大都是亡命之徒，每攻下一城，都放假三天，任凭他们烧杀抢掠，无恶不作。这个特点，在后来围困安庆、攻陷天京时表现得非常明显。

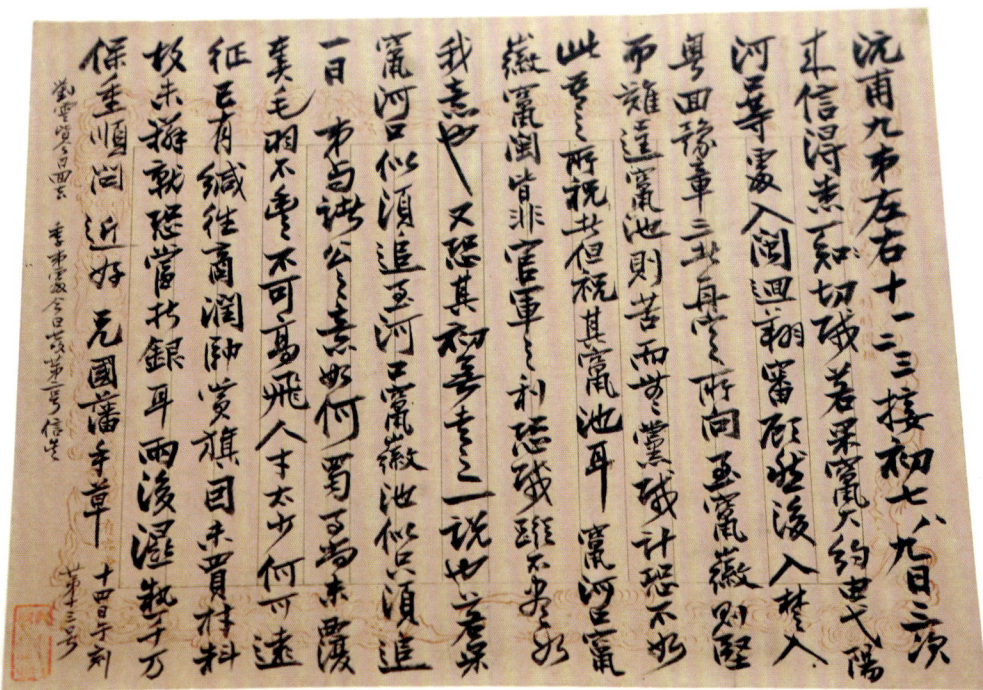

曾国藩致曾国荃书札

洪秀全（1814—1864年），太平天国运动发起人，广东花县（今广州市花都区）人

平军。次年，太平军从永安（今蒙山）突围，北上挺进湖南、湖北，然后又沿着长江东下。1853年2月起，太平军一路攻克九江、安庆、芜湖等重镇，3月攻下江宁府（今南京），洪秀全改江宁为天京，并定都于此。

太平天国运动是旧式农民战争的最高峰，但跟以往历代农民起义战争相比，又具备一些新特点：太平天国利用外来宗教，以"拜上帝会"号召人们加入；以洪仁玕（gān）为代表的天国高层进步人士，大胆提出了发展资本主义的方案，一定程度上超越了农民阶级的局限性；其失败也是中外势力联合的结果。

为什么说这是一场以少胜多的战役？

1862年5月，曾国荃率军进驻天京郊外的雨花台，准备进攻天京。洪秀全急诏在外作战的将领李秀成回军救援，李秀成率领三十万大军，号称六十万，浩浩荡荡杀回雨花台，打算与另一位将领李世贤包抄合围，此时湘军在雨花台只有三万多人，其中还有不少士兵感染疫病，难以作战。

曾国荃焦头烂额，各路湘军被太平军死死围住，无法前来增援，他只能带领这三万多士兵严防死守。这个局面对湘军来说极其凶险。然而，即便兵力上有绝对碾轧的优势，太平军还是没能击败曾国荃的军队。

曾国荃是如何攻下天京的？

湘军利用水师的优势，自三汊、上新河至雨花台水陆联营，占据了地利，还与后方的安庆大本营保持着畅通的联系。在装备方面，湘军洋枪精良，洋炮充足，战役期间又从水路补充了许多火炮和弹药。

太平军虽然在江浙一带获得大量洋枪火炮，但质量低下，型号庞杂，枪多炮少。而且他们没有水师，不像湘军那样可以从水上及时运输军粮，再加上天气慢慢转冷，太平军士只能挨饿受冻。双方虽然一直僵持着，但天平已开始倾斜。

太平天国与以往的农民起义有哪些不同？

太平天国运动是落第秀才洪秀全发动的农民起义。1851年1月11日初，洪秀全借用拜上帝教的组织体系，在广西桂平县金田村召集信徒，宣布聚众起义，建立太平天国，起义军称太

1864 年，曾国藩为了帮助弟弟曾国荃攻下南京，派左宗棠进攻杭州，李鸿章进攻苏州，以牵制太平军的援军。曾国荃则率领湘军主力进攻天京，终于在 7 月 19 日破城，太平天国运动结束。

洪秀全玉玺

太平军为什么被称为"长毛"？

鲁迅先生在《阿长与山海经》一文中曾说："在阿长眼中，一切的强盗土匪都是长毛。""长毛"指的正是太平军。清军入关后，强迫男人剃头，留满族人的辫子。太平军起义时，打破了剃发编辫的风俗，重新蓄发，穿上了原来的衣服。再加上太平军屡屡犯下暴行，因此被老百姓讽刺为"长毛"。

太平天国后期，政治开始腐败，军纪也日益涣散，民怨沸腾。在太平军活动的江南地区，他们每攻下一城都会大肆抢掠，还砸毁老百姓祭祀的各类塑像，佛寺、道观、城隍庙无一幸免。西子湖畔的千年古刹灵隐寺仅天王殿与罗汉堂幸存，对佛教的虔诚信众来说，这是一次灭顶之灾。

当时的安徽地区非常重视宗族的发展，普遍设有族田，太平天国战火过后，不仅当地族田大量损毁，就连一些宗族的谱牒和牌位都被破坏了。太平军的这一举动，给人民带来了巨大创伤。

天平太国钱币

为什么说太平天国运动改变了晚清政局？

面对太平军的攻势，八旗军和绿营军不堪重用。为了平定太平天国运动，清廷只能默认甚至鼓励地方团练的兴起和发展，这样又使地方士绅的权力扩大。曾国藩能成为清军入关两百多年来权势最大的汉人官员，就得益于湘军在和太平天国作战中立下的战功。

太平天国失败后，地方团练逐渐由军事组织变为政治组织，清廷对乡村的控制力逐渐削弱，影响力逐渐下降。

随着地方士绅权力的扩大，清政府的官僚阶层发生严重分化。上层中汉族官僚势力迅速增长并最终打破满汉平衡，满汉官员之间的力量对比开始发生改变。

知识拓展：八旗军和绿营军的兴衰

清军入关后，军事力量长期以八旗为基础，以绿营为主。

八旗是清代特有的组织，兼具生产、作战、管理多种功能，在努尔哈赤、皇太极时期逐步成形。多尔衮入关作战时，八旗曾立下汗马功劳。入关后，作为特权阶层，八旗子弟的生活逐渐腐化，不但不能打仗，还要国家花钱供养，已经成为社会的负担。

所谓绿营，就是由汉人组成的职业兵，为了与八旗区别开，以绿旗作为标志，以营为单位，故称绿营。在康熙、雍正、乾隆三朝的对外战争中，大小战事基本依仗绿营，特别是平定三藩、收复台湾、征战准噶尔等事件中，都能找到绿营的影子。

到了乾隆晚年，由于久无战事，军队纪律涣散，在乾隆后期平定白莲教起义中，无论是八旗还是绿营，作战能力都大大下降。太平天国运动爆发后，八旗和绿营已经完全无法遏制太平军。因此，咸丰皇帝下令地方组织团练，其中曾国藩组建的"湘军"在平定太平天国运动中起到了巨大的作用。

太平天国之后，曾国藩解散了湘军，但在他的帮助下，李鸿章的淮军、左宗棠的楚军等地方团练相继崛起，在洋务运动和新军改革中起到了主导作用，成为晚清最具活力的军事力量。

八旗甲胄

福州船政学堂

福州船政局是清末洋务运动的重要成果，1866 年由晚清重臣左宗棠主持创建，不仅制造了一艘艘现代军舰，还培养了一批批海军人才，成为北洋、南洋、福建、广东水师各级将领的供应基地，直接推动了中国近代海军的创建与发展。

"万年清号"

沈葆桢

日意格

德克碑

胡雪岩

蒸汽机模型

学员

你能找到这个正在认真锯木头的人吗？提示：他的衣服颜色和背景有点儿接近，找到他似乎有些难度。

除了沈葆桢功不可没，还有一个人也堪称福州船政局的功臣，那就是胡雪岩。他都做出了哪些贡献呢？去后面的内容中寻找答案吧！

1867 年，沈葆桢接替左宗棠，主持船政局的工作，他克服技术难、人才少、条件差等重重困难，将福州船政局打造成当时远东规模最大的一座新式轮船制造工厂。

船政学堂在教学中十分注重理论与实际的结合，前学堂的学生到各船厂实习，而后学堂的学生则上练船实习。你能因此而猜到前、后学堂的教学内容吗？

19世纪 60 年代到 90 年代中期，在内忧外患的形势下，原本就风雨飘摇的清政府面临着更加严重的危机，以曾国藩、李鸿章、左宗棠、张之洞为代表的开明官僚（洋务派）认识到，必须学习西方科学技术，才能挽救清政府的统治危机。在这样的背景下，洋务运动兴起了。

洋务运动分为前、后两个阶段，前期以"自强"为口号，兴办军事工业，比如安庆军械所、江南制造总局、福州船政局、金陵制造总局等；后期则以"求富"为口号，创办了不少民用工业，比如李鸿章在上海设立的轮船招商局，张之洞在武汉设立的汉阳铁厂，左宗棠在兰州设立的机器织呢局，等等。

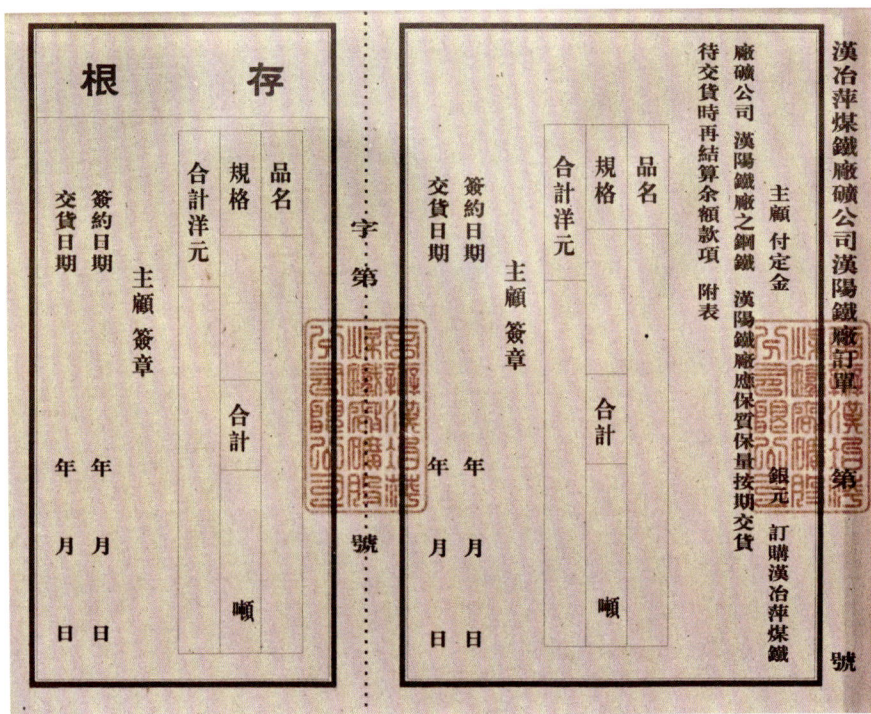
汉阳铁厂订单

谁称得上是洋务运动的典型代表？

左宗棠（1812—1885 年），字季高，湖南人，晚清重臣。1851 年起任湖南巡抚张亮基、骆秉章的幕僚，参与平定太平天国，后在曾国藩的推荐下主政福建，主持了船政局的创建工作。

1865 年，中亚浩罕汗国军官阿古柏入侵南疆，先后攻下天山以南的喀什噶尔、和阗（今和田）等地。各国也趁火打劫，1871 年，沙俄出兵强占伊犁。英国也加强了对南疆的渗透。新疆大部分地区沦陷，出现了严重的边疆危机。同时，日本从海上入侵台湾，一时间，海防、塞防同时告急，清廷也出现了以李鸿章为代表的"海疆派"和以左宗棠为代表的"陆疆派"的争论。

晚清重臣左宗棠

福州船政局一号船坞

1875 年，清廷最终采纳了左宗棠的意见，任命他为钦差大臣，委以指挥西征军的全权。左宗棠不负众望，成功收复迪化（今乌鲁木齐）、和阗等地，阻遏了俄、英对新疆的侵略。这是中国近代史上抵抗外来侵略战争里少有的胜利。

在新疆大规模军事行动结束后，左宗棠深深感到，要巩固西北边防，就必须大力发展经济。于是，他利用西北得天独厚的羊毛资源，创建了甘肃织呢总局，推动了西北民用工业的发展，成了洋务运动的典型代表。

福州船政局是在什么样的背景下创建的？

早期洋务运动集中在军工领域，要得到新式船舰和武器有两种方式，一是直接从西方国家购置船炮，二是学习西方先进技术然后自己建造船舰，于是洋务派内部出现了"购舰"和"造舰"两派观点。

左宗棠原本属于购舰派。开始时，他只打算借用外国舰船，却发现大小事都要和外国人商量，不能随心所欲地调遣使用，修补、酬谢环节又容易起争执。不仅如此，买船也有很多弊端。为了赚钱，外国人总是卖给清廷一些已淘汰的船只，即便是买来的船，仍必须由洋人管理驾驶，非常不方便。在左宗棠向外国人借船、雇船、买船时碰了一连串钉子后，终于倒向了造舰派，并提出创建福州船政局，让官商胡雪岩参与筹备工作。

胡雪岩在船政局的创建中做了哪些事？

在福州船政局的筹备建设中，胡雪岩发挥了重要作用。聘请洋人技师、拉来合作资金、统计款项出入等诸多工作，都是由他处理的。挑选合作技师时，英国人的报价最低，但由于"阿思本舰队事件"（英中联合舰队，因双方管理权之争不欢而散），胡雪岩不同意与英国人合作，而是聘用了法国人。

胡雪岩非常重视章程事宜，在左宗棠指派下设立《船政事宜十条》，条款内容注明船政的主权属于中国，外国员工来华工作要签署合同、服从中国上级官员调度等。同时，胡雪岩聘请了日意格、德克碑两个法国人担任正、副监督，还采取权力制衡方式，请法国人协助造船，请英国人教习驾驶。

接着，左宗棠因为西北战事去了陕甘地区，他荐举林则徐的女婿、原江西巡抚沈葆桢继任船政大臣。胡雪岩继续辅佐沈葆桢，承担了筹措工料、聘请匠师、雇工、开艺局（水师学堂）等重要的事务性工作。

位于杭州的胡雪岩故居，建于 1872 年，建筑风格中西兼备，堪称清末"第一豪宅"

知识拓展："阿思本舰队事件"中，英国人做了什么？

1861 年，代理中国海关总税务司赫德建议清廷购买英国船舰，用以平定太平天国。1862 年，在太平军进攻的威胁下，清廷同意了赫德的建议，委托当时在英国休假的中国海关总税务司李泰国向英国购买舰船并招募人员。

1863 年，李泰国聘请英海军上校阿思本为总司令，并与其签订合同。条款内容对清廷极其不利，包括阿思本只接受由李泰国传递的皇帝命令，以及阿思本全权决定舰上所有人员的任用赏罚，等等，相当于清廷根本没有管理权和指挥权。最后，舰队解散，各船返回伦敦拍卖，清廷还不得不支付军官、水手遣散费。清廷第一次建立近代舰队的尝试，以数十万两白银的损失而告终。

中国第一所海军学校是怎么诞生的？

左宗棠不仅主张造船，还早早提出了培养海军人才的设想，想要建立一所海军学校。后来，左宗棠调任陕甘地区，新任船政大臣沈葆桢继左宗棠之志，在福州建立了中国第一所海军学堂——求是堂艺局，并亲自主持了首次录取考试。1867 年夏，求是堂艺局迁移到马尾，改名为船政学堂（又名马尾学堂）。

船政学堂是清政府批准开办的第一所海军学校，开中国军队近代化建设之源，培养出了中国第一批近代海军军官和第一批工程技术人才，他们逐渐成为中国近代海军和近代工业的骨干中坚。由船政学堂毕业的历史名人包括：前学堂的魏瀚、陈季同等；后学堂的严复、刘步蟾、詹天佑等。

船政学堂一期学员严复

船政学堂都教什么？

福州船政学堂分为前学堂和后学堂，前学堂以法语授课，主要培养船体和蒸汽机的设计制造人才；后学堂以英语授课，主要培养航海和驾驶人才。学堂开设有法语、基础数学、解析几何、微积分、物理、船体制造等课程，学习优异者可以选送去英国或法国留学。另外，学堂还附设艺圃，即学徒班，培养技术工人。

福州船政局是如何衰落的？

福州船政局没有自身的盈利方式，这必然会导致之后的衰败，没有办法完成从军事工业向民用工业的转变。

福州船政局在创办之初，得到了清廷 47 万两白银的拨款，左宗棠用这笔钱完成了基础设施建设和人才招募训练。但成立之初的船政局没有经济收益，每月靠海关划拨的 5 万两白银维持，这对于庞大的船政局来说实在是捉襟见肘。在具备造船能力后，左宗棠等人提出了建造商船、发展经济的建议，但遭到总理衙门拒绝，因为在清廷看来，船政局仅仅是一个兵工厂。

位于福州市马尾区的中国船政文化博物馆

1894 年甲午海战后，面对巨额战争赔款，清廷不得不削减各方面的开支，船政局也在其中。最终，船政局人员逐渐流失，军舰也没有充足资金建造，设备疏于维护，以至于近半个世纪都没能再造出一艘像样的舰船。

甲午海战

　　1894 年，清朝和日本爆发甲午海战，号称亚洲第一、世界第九，由清政府花费数百万两白银打造的北洋水师遭遇惨败，被迫签订屈辱的《马关条约》。

沉没的"超勇"舰

"致远"舰船身发生倾斜，舰上的一名官兵失去平衡，掉进了水里，你能找到他吗？

"致远"舰在弹药将尽且遭受重创后，管带邓世昌下令撞向日舰，日舰官兵连忙集中火力瞄准"致远"舰，"致远"舰不幸被大口径炮弹击中，全舰官兵246人一同殉职，仅7人获救，邓世昌与舰同沉。

战斗开始不久，北洋舰队旗舰"定远"舰由于已经下水12年，7年未修，舰桥被突然开火的大炮震塌，信旗被毁。

日本军舰"吉野号"

邓世昌

在这场战役中，北洋舰队损失了「致远」「经远」「超勇」「扬威」「广甲」5艘军舰，死伤官兵千余人，可以说付出了惨重的代价。

邓世昌是中国最早的一批海军军官之一，他有强烈的爱国心，常对士兵们说："人谁不死，但愿死得其所尔！"看，画面中邓世昌正在鼓励大家，你能找到他吗？

←← 甲午海战中的"甲午"是什么意思？ →→

甲午海战是1894年中日战争的一部分，因为按照中国传统的干支纪年法来看，1894年属于"甲午年"，所以被称为"甲午战争"。

干支纪年法是中国古代的一种纪年方法，是采用十天干（甲、乙、丙、丁、戊、己、庚、辛、壬、癸）和十二地支（子、丑、寅、卯、辰、巳、午、未、申、酉、戌、亥）组合的纪年方法，即把天干中的一个字摆在前面，后面配上地支中的一个字，这样就构成一对干支。从古代文献记载来看，干支纪年最晚在东汉初期就已普遍使用，一直延续至今。

近代以来，重大历史事件常用干支纪年表示，除了"甲午战争"之外，还有1898年的"戊戌变法"、1900年的"庚子赔款"、1911年的"辛亥革命"等。

古代测量方位的仪器日晷，天干地支不仅用来纪年，也用来计时

为什么朝鲜会成为甲午战争的导火索？

甲午战争是清政府和日本政府之间的战争，但战火却是从朝鲜半岛燃起。

1894年春，朝鲜爆发"东学党起义"，起义者提出了"斥倭斥洋"的口号，就是要将日本人、欧洲人从朝鲜驱赶出去。在当时的朝鲜，国王高宗的妃子闵妃一族依靠清政府的支持掌握着实权，在平定农民起义失败后，请求清政府出兵。

日本早就觊觎（jì yú）朝鲜半岛的利益，希望切断朝鲜与清朝的宗藩关系，因此以保护公使馆和侨民为由，派出七千余人的军队奔赴朝鲜，并且做好了与清政府开战的准备。

6月12日，日本军队在仁川登陆，与从牙山登陆的清军展开对峙。

7月25日，在朝鲜西岸的丰岛海域，日本海军向清军军舰发动攻击，打响了中日甲午之战的第一炮。

8月1日，中日双方正式宣战。

中日海军实力对比如何？

甲午海战前，表面上看，大清帝国拥有一支号称亚洲第一、世界第九的海军，排名仅次于英、法、俄、德、西、奥斯曼土耳其、意、美八大列强。而相比之下，当时日本海军在世界排名为第十六位。但包括北洋水师的缔造者李鸿章在内的高层将领，都很清楚双方的真正实力对比并非如此。当时的北洋水师虽然有20余艘战舰，但存在一些重大弱点。

一是无新船。所有舰艇均为1888年前下水的旧式战船，无论是吨位还是航速都不及日军。原因是当时的清朝统治阶层对于海军建设并不真正重视，且贪腐成风，海防经费经常被挪用，比如1892年，在中日双方剑拔弩张之际，清政府却宣布为筹备慈禧太后万寿，海军停购舰艇两年。

二是舰艇上无快炮。甲午海战前，李鸿章曾向朝廷请款白银60万两，购快炮20尊，以替代各主要舰艇上的慢炮，竟被驳回。李鸿章不得已，从海军日常粮饷给养中挤出20万两白银，勉强购得次等快炮12尊。

而反观对手日本，在战争前夕，日本海军已拥有新式舰艇21艘，其中9艘是当时英国和德国制造的最新型快速巡洋舰，装配有十英寸左右速射炮数十尊，包括当时世界上航行最快的巡洋舰"吉野号"，时速达23海里，而北洋舰队当时航速最快的主力舰时速不过15海里。

北洋水师"致远"舰官兵照片

为什么梁启超曾评价李鸿章是"以一人而战一国"？

早在 1874 年，日本就以台湾牡丹社番民杀害琉球船民为借口，出兵侵台。时任直隶总督、北洋大臣的李鸿章，对日本的蠢蠢欲动起了戒心。从那时起，他就知道中日迟早必有一战。也正是在这一背景下，李鸿章奏请朝廷解散所有旧制水师，速办新式海军。

当时，慈禧太后对李鸿章非常倚重，称赞他是"再造玄黄之人"，正是因为得到主政者的赏识和信任，李鸿章才成为北洋水师的创始人和统帅，也是晚清海防建设的第一人，甚至就连日本首相伊藤博文都视他为"大清帝国中唯一有能耐可和世界列强一争长短之人"。所以，梁启超的这一评价并不为过。

李鸿章像

北洋水师与日本海军第一次大交战是在什么时候？

1894 年 9 月 17 日，在黄海上的大东沟海面，北洋舰队与前来挑衅的日本联合舰队正面遭遇，在避无可避的情况下，战争正式爆发，史称黄海海战。

这场海战中，双方参战的舰艇合计有 30 艘之多，其中日舰 12 艘，北洋舰队 18 艘，双方血战四个半小时，虽未分胜负，但北洋舰队的损失远大于敌方。北洋舰队共损失 5 艘军舰，另有两艘遭重创，死伤官兵近千人；

中国甲午战争博物馆馆藏的清朝海军肩章

日本舰队虽也有 5 舰受重创，但未沉一舰，伤亡约 300 人。

此战之后，北洋舰队退回旅顺、威海，采取"避战保船"的策略，不再出战，日本海军随即掌握了黄海制海权，这导致北洋水师在后来的"威海卫之战"中全军覆没，清廷不得不与日本签订屈辱的《马关条约》。

《马关条约》是如何签订的？

1895 年 3 月 19 日，李鸿章作为全权大臣，率一行人乘船抵达日本本州山口县的下关市（中译名为马关），拉开了后来史称"马关议和"的序幕。

谈判地点定在了春帆楼，但谈判过程异常艰苦，让人丝毫感受不到"春帆"二字的意趣。从 3 月 20 日开始，到 4 月 17 日签约，前后共经历四轮谈判。春帆楼上，日本首相伊藤博文凭借军事力量的优势，一直摆出威压的姿态，双方在割让台湾以及巨额赔款问题上相持不下。

3 月 24 日，第三次谈判结束后，在李鸿章乘轿返回驿馆的路上，人群中突然蹿出一名日本男子，在左右未及反应之时，举枪射向李鸿章。72 岁的李鸿章左颊中弹，当场昏厥过去。此事发生后，日本方面顾忌国际影响，在随后举行的第四次谈判中做出让步，接受了清廷的停战提议。双方签订了《停战协定》，梁启超评价为："口舌所不能争者，借一枪之伤而得之。"

尽管李鸿章以血的代价为清政府换来了一纸《停战协定》，但并未改变屈辱的割地赔款命运，消息传回国内，举国震惊，康有为等人组织在京参加科考的举子"公车上书"，拉开了"戊戌变法"的序幕。

知识拓展："公车上书"是怎么回事？

1895 年春，乙未科进士刚在北京考完会试，等待发榜期间，李鸿章将和日本签订割地赔款的《马关条约》的消息突然传来，正在参加会试的各省举人一片哗然，爱国之情喷涌而出。5 月 2 日，康有为联合各省在北京会试的 1300 余名举人签名上书，提出拒签和约、迁都抗战、变法图强三项主张，这就是"公车上书"。

可是，"万言书"还没来得及呈送朝廷，就传来了《马关条约》已经签订的消息，"公车上书"也便就此止步。虽然这次事件胎死腹中，但"公车上书"被认为是维新派开始登上历史舞台的标志之一。

状元办厂

甲午战败，洋务派在军事工业上的努力彻底失败，以张謇（jiǎn）为代表的开明士绅转向实业救国。据统计，从1895—1899年的五年间，就开设了104家工厂，其中一半以上投入到了纺织工业。

大生纱厂这个名字是怎么来的呢？原来是根据《周易》「天地之大德曰生」而得名的。

张謇

纱厂女工们都在忙碌地工作着，其中有一名熟练女工正在给两名新来的女工传授经验，她们在哪儿呢？

这块玉佩看上去价值不菲，它的主人是谁？

张謇创办的纱厂终于开始盈利了，人们纷纷赶来表示祝贺，可是有些心怀嫉妒的人却难掩不快，你能找到这种人吗？

大生纱厂

纱厂女工

进口纱机

两江总督刘坤一

后来，棉纺织业的危机爆发，大生纱厂走向衰落，几年后，张謇去世。

大生纱厂的机器是从英国进口的，只不过之前一直搁置在上海码头，后来在刘坤一的帮助下，才以折价入股的方式让张謇使用。

张謇为什么被称为"状元实业家"？

张謇，字季直，江苏南通人，中国近代著名的实业家、教育家。他大器晚成，前半生勤奋读书，求取功名，41岁时，终于在慈禧太后六十寿辰特设的恩科会试中，中得状元。不过适逢甲午战争爆发，大清的屈辱战败给了他极大的思想震动。

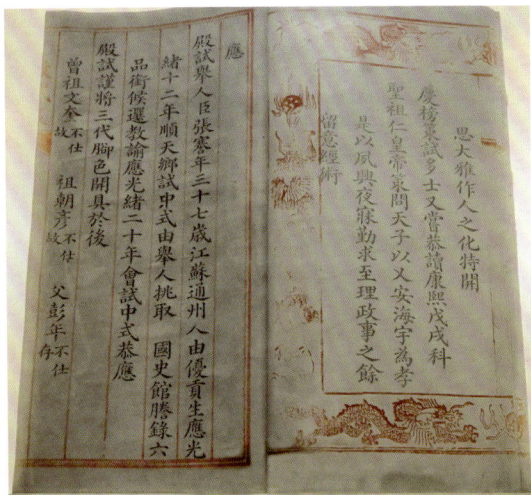

此后，张謇毅然放弃仕途，提出"实业救国"的主张，之后的三十多年，他从筹办南通大生纱厂开始，陆续兴办了数十家企业，"养活了几百万人，造福于一方，影响及全国"，成为留名青史的"状元实业家"。

1922年，在北京、上海报纸举办的民意测验中，张謇以最高票当选为民众"最敬仰之人物"。

张謇殿试策

为何会选择在南通办厂？

有一副清代的对联流传甚广，上联是"南通州，北通州，南北通州通南北"，这里的南通州，指的就是今天的南通，清末状元张謇的故乡。

张謇之所以选择在南通创办大生纱厂，是因为当地有悠久的棉花种植历史和丰富的棉纺织经验。自宋元时期棉花及纺织技术传入后，南通的棉花种植迅速普及，手工纺织成为农业经济的有效补充。通过明清两代的大规模垦殖，南通的通海地区（通州、海门）已有"土布之乡"的美誉，并扬名全国。

设立纱厂也跟当时的国际局势有关。1864年美国南北内战爆发，南部州的棉花无法出口，引起世界范围内的原棉供应紧张。日本商人纷纷到中国各棉区收购棉花，并筹划在江南开设纱厂。当时的湖广总督张之洞预见到了这点，想抢在日商之前赶办纱厂，于是奏请朝廷，委派张謇在南通兴办纱厂，张謇概然应允。

张謇像

实业救国为什么会首先从棉纺织业开始？

这是因为它符合历史发展的潮流和趋势。

18世纪中叶，棉纺织业领域涌现出各种技术创新，极大地提高了劳动生产率，英国的工业革命由此拉开序幕，继而影响到全球各地。19世纪中叶，日本的纺织业也是明治维新期间增长最快的行业。到1890年，日本已从棉纺织品进口国变成了棉纱出口国。与此同时，清末洋务运动引进了先进的机器和技术，为国内纺织业的发展提供了有利条件。张謇的大生纱厂，就是在这种时代背景下创办的。

张謇是如何一步步打造自己的企业王国的？

1895年，在张之洞的支持下，张謇怀揣"实业救国"的理想，开始着手创办大生纱厂。但创业的历程却是荆棘密布，困难重重。

办厂之初，最困难的莫过于资金问题。张謇虽有状元之名，但仍只是一介书生，很难取信于上海、南通的富商大贾。为了筹集股资，他东奔西走、忍辱蒙讥，甚至没有回程旅费，只得在报纸上刊登广告，在四马路卖字三天，以赚取旅费。最后，他向掌握实权的官僚游说，打通关节，在两江总督刘坤一的帮助下，上海商务局将一批搁置在黄埔江畔多年的进口机器折价25万两白银，以官股形式出让给大生纱厂，大生纱厂才得以建成投产。此时，已经是1899年5月。然而即便投产后，张謇仍多次面临绝境，所幸最后都绝处逢生。

除了大生纱厂外，张謇后来又创办了通海垦牧公司、大达轮船公司、复新面粉公司、资生铁冶公司、淮海实业银行，投资了江苏省铁路公司、大生轮船公司、镇江大照电灯厂等，经营投资范围涉及国民经济的方方面面，完全可以用"经济王国"来形容。

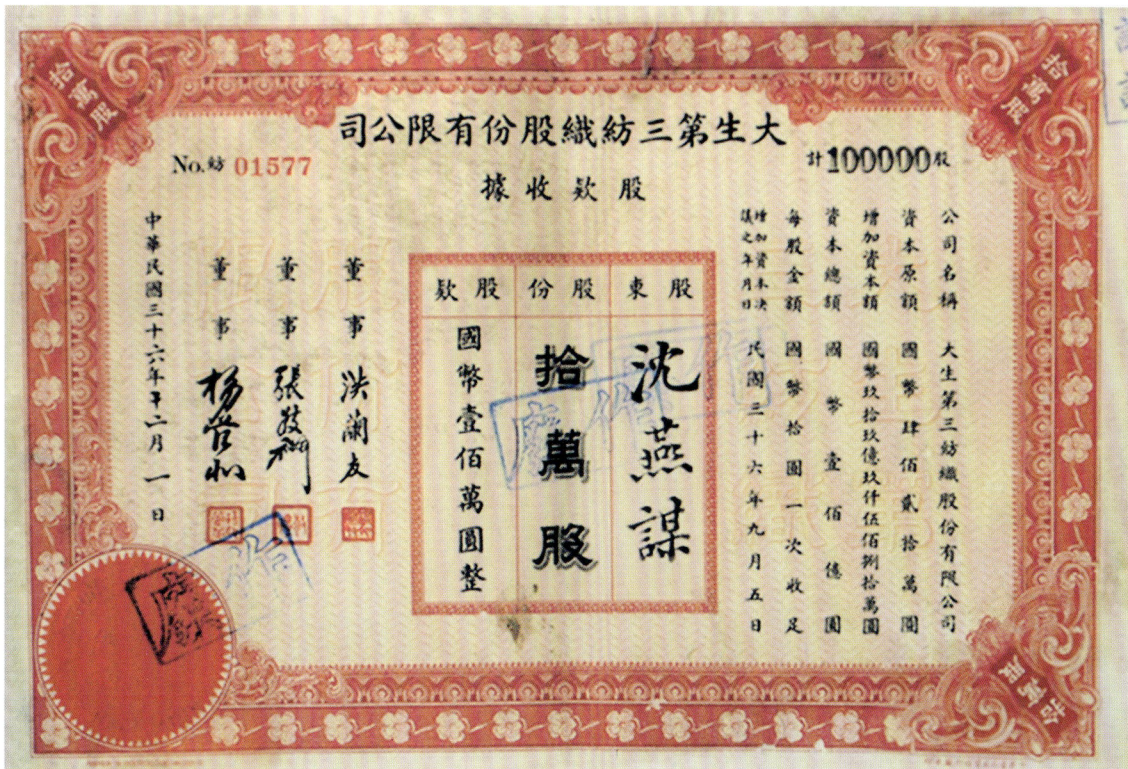
大生第三纺织股份有限公司于20世纪40年代发行的股票

除了实业救国，张謇还取得了哪些成就？

张謇还是一位卓越的教育家，他认为，开办学堂，引进西学，培养和使用各类专业人才是强国之本。

1902年，在大生纱厂立稳脚跟后，张謇就创办了全国第一所师范学校——通州师范学校，实现了他"立学校须从小学始，尤须先从师范始"的诺言。此后随着实业的日益兴旺，他对教育的资金投入也越来越多。

上海复旦大学老校门

1905年，张謇与马相伯在吴淞创办了复旦公学，也就是今天复旦大学的前身；

1909年，创办邮传部上海高等实业学堂船政科（上海海事大学前身）；

1912年，创办江苏省立水产学校（上海海洋大学前身）；

1915年，创办南京河海工程专门学校（河海大学前身）；

1917年，支持同济医工学堂（同济大学前身）在吴淞复校；

1920年，创办南通大学；

……

20多年间，他共创办了370多所学校，为中国近代教育事业的发展做出了巨大贡献。

张謇之外，晚清还有哪些知名的实业家？

在洋务运动和清末新政的大旗下，中国商人的地位不断提升，尤其是江浙富庶之地，更是出现了很多著名的大商人，比如荣宗敬、荣德生、胡雪岩、盛宣怀等人。

荣宗敬、荣德生是兄弟俩，他们早年在上海的钱庄当学徒，当时国外面粉大量进口，国内市场几乎被垄断。荣氏兄弟既希望老百姓能吃上物美价廉的面粉，也认为面粉生意利润可观，

位于西安交通大学的盛宣怀雕像

于是1900年在无锡创办了保兴面粉厂。面粉厂动工时曾遭到当地保守士绅的阻挠，在两江总督刘坤一的支持下，面粉厂在1902年才得以建成。1905年，荣氏兄弟又在无锡联合创办了振新纱厂。经过多年经营，他们的面粉、棉纱畅销全国，甚至远销东南亚等地，有中国的"面粉大王""棉纱大王"之称。

胡雪岩、盛宣怀的时代比荣氏兄弟要早很多，他们都属于"红顶商人"，即官商，既是政府里的官员，又是经商的商人。

胡雪岩出身贫寒，靠着结交官宦和自身拼搏，得到左宗棠的赏识和保举，最终获封布政使官衔，加二品顶戴，赏穿黄马褂，一时间风头无两。盛宣怀出身江苏常州的官宦世家，虽科举未中，但26岁就投到李鸿章的门下，参与最多的是筹办洋务企业和外交事务，成为清末洋务运动的核心人物之一。1911年辛亥革命前，奕劻建新内阁，盛宣怀被授为邮传部大臣，官居一品，政治生涯达到顶峰，总管钢铁、轮船、电报、矿务、银行等基础性行业。

京师大学堂

　　作为"戊戌变法"的"新政"之一，清政府于 1898 年设立京师大学堂，这是中国近代第一所国立大学，开启了近代教育的先河。

当时创办京师大学堂并非得到了所有人的支持，瞧，画面中有一位官员正面露不快，试图躲避合影呢！

康有为

梁启超

京师大学堂怎么会有外国人呢？原来当时美国传教士丁韪（wěi）良任京师大学堂的西学总教习。他还创立了北京崇实中学（现北京市第二十一中学），并自任校长。

京师大学堂

大学堂

丁韪（wěi）良

孙家鼐

←← 京师大学堂是北京大学的前身吗？ →→

是的。1898 年，清政府设立京师大学堂，1912 年改名为北京大学，由严复出任北京大学的第一任校长。1917 年，著名教育家蔡元培担任校长，推行"思想自由，兼容并包"的方针，并聘请陈独秀、李大钊、鲁迅、钱玄同、胡适、刘半农等具备革新精神和丰富学识的著名学者到校任教，使学校的学术空气为之一新，北京大学也成为全国学术和思想文化的中心。

蔡元培（1868—1940 年），浙江绍兴人，中国民主革命家、教育家

清政府为什么要设立京师大学堂？

京师大学堂成立于 1898 年，但是筹备工作早在 1896 年就开始了。当时不仅有朝臣奏请，还有来华外国人的谏言，光绪帝于是下了筹办大学堂的诏令。然而，奕劻等人反对新政，又因不便对光绪帝批办的奏议公开抵制，于是以经费不足为由故意拖延。

1898 年，随着维新运动兴起，创办京师大学堂的提议再度被提起。康有为上《请开学校折》，再次呼吁及早建立京师大学堂。光绪帝接受了康有为的奏请，于 6 月 11 日颁发《明定国是诏》，承认了建立京师大学堂的必要性和紧迫性。

7 月 3 日，光绪帝批准了总理衙门所呈、实际由梁启超起草的《京师大学堂章程》，任命孙家鼐为第一任管学大臣，把已设的官书局、译书局都并入京师大学堂。至此，京师大学堂才算正式成立。

刚成立不久的京师大学堂不但是当时的国家最高学府，还是国家最高教育行政机关，行使教

北京大学红楼，始建于 1916 年，落成于 1918 年，建筑通体红砖砌筑，红瓦铺顶，砖木结构，平面呈工字形，是李大钊、陈独秀、毛泽东最早传播马克思主义和民主科学进步思想的重要场所，具有重要历史价值

京师大学堂总监督印章

育部职能，统管全国教育。直到 1904 年，清廷改管学大臣为学务大臣，统辖全国学务。又另外设置总监督，专管京师大学堂事宜，派张亨嘉为第一任总监督，京师大学堂这才成为单纯的高等学府。

京师大学堂为何一度停办？

京师大学堂刚成立时，户部指定其经费从华俄道胜银行里清政府存款 500 万两的利息中支付，如有不足再由户部补齐。

1900 年夏天，义和团进入北京，扫荡了京津地区各大银行，京师大学堂的经费来源被切断。8 月 3 日，慈禧太后下令停办大学堂。8 月 14 日，八国联军攻进北京，京师大学堂遭到破坏，校舍被俄军占为军营，教学设备被毁。

1902 年底，京师大学堂恢复，吏部尚书张百熙被任命为管学大臣，筹建工作开始步入正轨。

张百熙为什么被称为"中国大学之父"？

张百熙（1847—1907 年），湖南长沙人，晚清著名政治家、教育家。他是中国近代教育改革的先驱者，改变了中国传统的私塾、书院制度，使中国的学制"现代化"，被称为"中国大学之父"。

1902 年，时任吏部尚书的张百熙被清廷委任为管学大臣，负责京师大学堂的恢复和筹建事宜。初上任的张百熙认为原本的京师大学堂太过"简易"，仍相当于蒙学堂，故亲自拟定蒙学堂、小学堂、中学堂、高等学堂、考选入学、京师大学堂等各级学堂的章程进呈清廷，后被朝廷以《钦定学堂章程》的形式颁布。这部章程是中国第一个以政府名义规定的完整学制，为近代教育改革奠定了坚实的基础。

由于缺乏生源，张百熙先办速成科，分为仕学馆和师范馆两馆，其中师范馆开设伦理学、经学、教育学等十四门功课。他又购进大量仪器设备，陆续开设译学馆、医学实业馆等。在当时，恢复后的京师大学堂已经是基本符合国际标准的大学，后来的北京师范大学、北京医科大学即由师范馆、医学馆和京师大学堂中的医学科演变而来。

张百熙还为京师大学堂请来了诸多专家学者，如"阳湖派"古文家张筱浦、翻译家严复、

佛学家杨仁山、教育家蔡元培等。为了说服"桐城派"名家吴汝纶当总教习，张百熙甚至在对方卧室外长跪不起，恳求"吾为全国求人师，当为全国生徒拜请也。先生不出，如中国何"，最终打动吴汝纶。

张百熙主持下的大学堂被誉为"壬寅京师大学堂"，为之后北京大学的改革与发展奠定了基础。

京师大学堂都教什么？

京师大学堂的办学方针遵循"中学为体，西学为用"的原则，强调"中西并用"，因此在课程设置上也仿照西方国家的办法，分为普通学科和专门学科两类。普通学科为全体学生必修课，包括经学、理学、掌故、诸子、初等算学、格致、政治、地理、文学、体操10科。至于专门学科，则可任选一门或两门，如高等算学、格致、商学等科目。另设英、法、德、俄、日5种外语，凡年龄在30岁以下的学生必须修一门外语，30岁以上者可免修。

京师大学堂是在中华民族面临空前危机的历史背景下建立的，从诞生之日起就与国家和民族的命运息息相关，承担起了民族道义和社会责任，这一点在"拒俄运动"中得到了很好的体现。

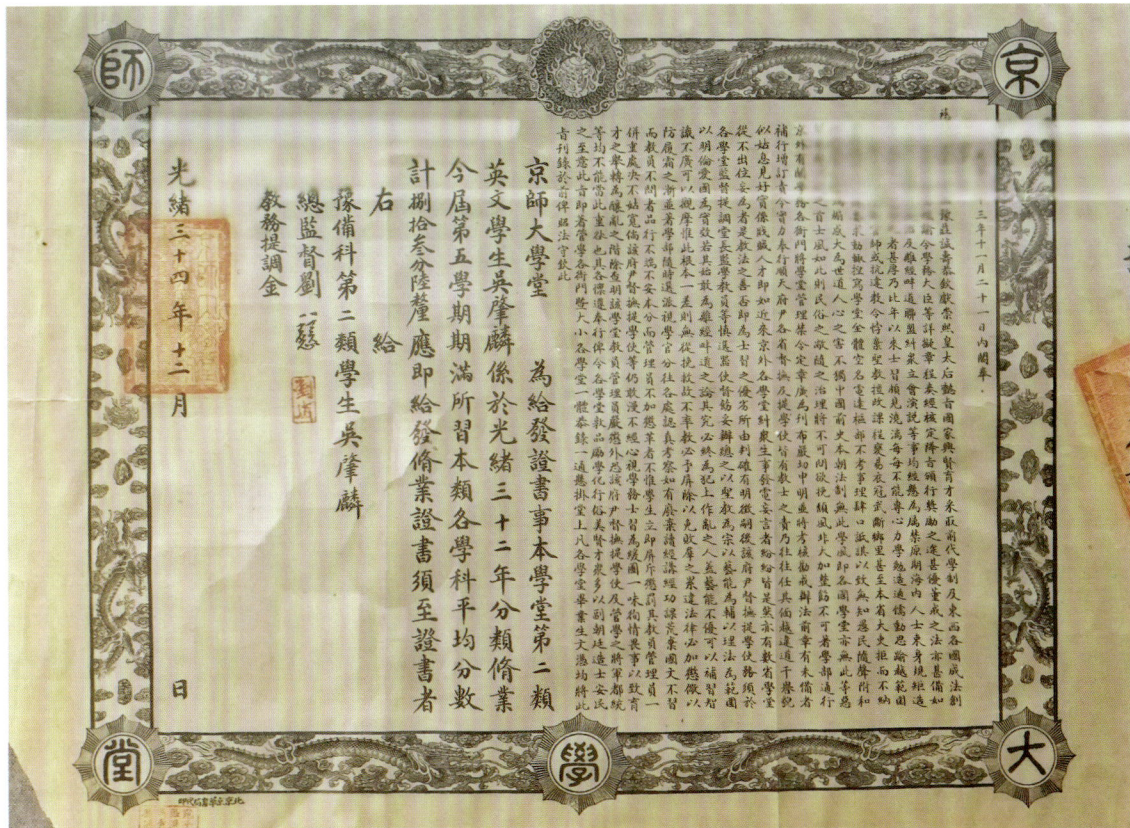

京师大学堂毕业证书

知识拓展："拒俄运动"是怎么回事？

1900年，义和团运动期间，沙俄趁机占领了我国的东三省。后来由于中国人民的激烈反抗及英、美、日等国因利害冲突而出面干涉，沙俄才不得已与清政府签订《东三省交收条约》，答应把东三省归还中国，并承诺在东北的俄军自签字起18个月内会分三批撤完。结果到1903年4月，俄国非但没有撤军，反而向清政府提出七项新的侵略要求，力图使东北成为其独占势力范围。消息一传出，立即激起轩然大波，"拒俄运动"由此爆发。

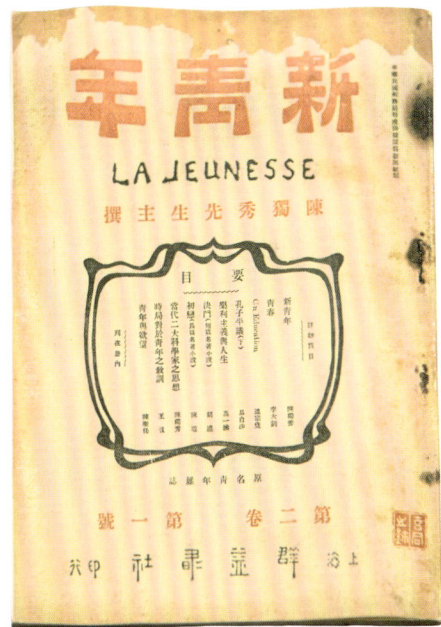

4月30日，作为清朝最高学府的京师大学堂师范、仕学两馆发起了学生集会，学生"鸣钟上堂"举行集会，声讨沙俄侵占中国东北的罪行，谴责清政府妥协投降行为，要求拒约抗俄。会后，上呈了由73名学生签名的《拒俄书》和《争俄约疏》，并致函全国，呼吁全国学界团结起来，"为四万万人请命"。

这是中国近代高等院校第一次爱国学生运动。显然，爱国、进步的优良传统早已扎根于京师大学堂，为之后"五四"精神的诞生打下基础。

《新青年》原名《青年杂志》，第二卷起改称《新青年》，由陈独秀在上海创立，在"五四"运动期间起到重要作用，自1915年9月15日创刊号至1926年7月终刊共出9卷54号。该杂志发起新文化运动，并且宣传倡导民主与科学

清末的新式学堂还有哪些？

晚清内忧外患形势下的教育改革促使新式学堂如雨后春笋般纷纷涌现，其中不乏私立学堂，1891年康有为在广州创办的万木草堂、王景檀等人1906年在山东诸城县相州镇开设的王氏私立三等学堂都是私人学堂的代表。但由于经费、校舍、师资的限制，私立学堂大多以初等、中等教育为主，大学相对较少。到辛亥革命前，比较成熟的私立大学只有上海的中国公学和复旦公学。

1895年，北洋西学学堂（今天津大学前身）成立，这是中国近代史上第一所大学的萌芽。中国最早严格意义上的公立大学，还是1898年由清政府创办的京师大学堂。紧接着，1901年，第二所国立大学山东大学堂（今山东大学前身）成立。1902年，山西大学堂（今山西大学前身）创建，是中国第一所省立大学。同年，浙江的求是大学堂改名为浙江大学堂（今浙江大学前身）。

1905年，科举废除之后，清政府为吸引学生进入新式学堂，给予学生文官候选人的待遇，新式学堂得以迅速发展。到1909年，全国共有新式学堂5000多所，在校学生超过160万人。

吹糖人是老北京传统手艺，用小铲取一点儿热糖稀（麦芽糖融化所得），放在沾满滑石粉的手上揉搓，然后用嘴衔一端，待吹起泡后，迅速放在涂有滑石粉的木模内，用力一吹，一个糖人就吹好了。

《退位诏书》

1912 年 2 月 13 日，北京城人头攒动，大家都在报纸上读到了清朝宣统帝的《退位诏书》，纷纷奔走相告。这件意味着两千多年来皇帝制度结束的大事并没有引发流血和动乱，人们的生活一如既往……

有一位浑身都是补丁的老者站在人群中，你能找到他吗？提示：他的手里拿着一个碗，应该是用于乞讨的。

耍盘子

程傻子驯养的是一头黑熊，体形硕大，性情凶悍，但对主人却俯首帖耳，十分听话。据说它会由易而难地逐一表演作揖、直立行走、钻竹圈、蹬木球、耍扁担、拿大顶、翻跟头，等等。

程傻子又叫程狗熊，真名叫程福先，是第二代"天桥八大怪"之一。他在天桥表演时总是先耍狗熊后顶碗，在当时很受欢迎，以至于他会在场边围上木栏杆，避免观众拥挤时发生不测。

耍熊人

顶碗的程傻子

皇帝退位了，普通百姓的生活很平静，似乎没有发生任何变化。可是有几位有识之士却知道一切并非这么简单。

耍盘子是中国传统杂技，表演者双手各执有弹性的数根细竿，细竿上端各顶一个盘子，借腕力使之飞快转动，并做出翻筋斗、背剑、叼花、单臂倒立等高难度动作。瞧，他们精彩的表演赢来了阵阵掌声。

51

←← 宣统帝是如何登基，又是如何退位的？ →→

爱新觉罗·溥仪（1906—1967年），清朝末代皇帝，字浩然，也称清废帝或宣统帝。

1908年11月14日，光绪皇帝去世当天，病床上的慈禧宣布立两岁的溥仪为皇帝。12月2日，溥仪在太和殿即位，由光绪的皇后隆裕太后和溥仪的生父载沣摄政，第二年改年号为"宣统"。

1912年2月12日早上，6岁的小皇帝溥仪跟随隆裕太后来到紫禁城的养心殿，接受朝臣的最后一次朝拜，隆裕太后在早已起草好的《退位诏书》上盖上玉玺。

自此，自秦始皇以来延续了两千多年的皇帝制度宣告结束，中国历史开始进入一个新的时代。

故宫养心殿

清帝退位号外报纸

《退位诏书》的内容是什么？

清帝退位的第二天，全国各大报纸报道了这份由清末民初的实业家、教育家、政治家张謇起草的《退位诏书》——

奉旨朕钦奉隆裕皇太后懿旨：

前因民军起事，各省相应，九夏沸腾，生灵涂炭，特命袁世凯遣员与民军代表讨论大局，议开国会，公决政体。两月以来，尚无确当办法，南北暌隔，彼此相持，商辍于途，士露于野，徒以国体一日不决，故民生一日不安。今全国人民心理，多倾向共和，南中各省既倡议于前，北方诸将亦主张于后，人心所向，天命可知，予亦何忍因一姓之尊荣，拂兆民之好恶。是用外观大势，内审舆情，特率皇帝，将统治权公诸全国，定为共和立宪国体，近慰海内厌乱望治之心，远协古圣天下为公之义。袁世凯前经资政院选举为总理大臣，当兹新旧代谢之际，宜有南北统一之方，即由袁世凯以全权组织临时共和政府，与民军协商统一办法，总期人民安堵，海宇乂（yì）安，仍合满、汉、蒙、回、藏五族完全领土，为一大中华民国，予与皇帝得以退处宽闲，优游岁月，长受国民之优礼，亲见郅治之告成，岂不懿欤？钦此。

为什么说这份诏书比较特殊？

在中国历史上，退位诏书是指弱势君主不得不把皇位禅让给权臣而发布的诏书，一般有两份，一份是退位前自我检讨的"罪己诏"，另一份则是退位诏。但是，宣统皇帝的退位诏书则比较特殊。

首先，其"罪己诏"是为了保全皇位而发，而不是为退位准备。在三个月前，溥仪的父亲载沣以皇帝名义发布了罪己诏，希望能让一步来保全帝位。

其次，退位诏书实际上是隆裕太后连发的三道懿旨。第一道为"宣布共和国体由"，后来被人们称为《退位诏书》；第二道名为"民政部等严密防范地面由"，希望全国能继续保持安定；第三道名为"优待条件尚为周至等由"，宣布民国政府对皇室和满蒙贵族的优待条件。

还有一点不同，历史上新皇帝登基都要发布"登基诏"，但清帝退位后，中国要实行共和，因此不可能再有皇帝"登基"。所以，袁世凯便在第二天以"全权组织临时政府"的名义，发了三个"政府令"，以保证政权的平稳交接和过渡。

隆裕太后的三道懿旨和授权袁世凯与南京临时政府谈判的诏书合称"逊清四诏"，现保存于中国国家博物馆。

从诏书上可以看出清帝退位的原因吗？

在清帝退位诏书里有这样一句话："今全国人民心理，多倾向共和，南中各省既倡议于前，北方诸将亦主张于后，人心所向，天命可知，予亦何忍因一姓之尊荣，拂兆民之好恶。"这大概可以解释清帝退位的原因。

一是清末新政以来的"宪政改革"潮流。早在1908年，清政府就被迫颁布了《钦定宪法大纲》，把君主立宪和召开国会提上日程，地方督抚也多有上书要求早开国会，设立责任制内阁，此即人民"多倾向共和"。

二是湖北新军内部发起的武装起义。1911年10月10日，武昌的新军爆发起义，成功占据武昌地区，成立军政府。两个月内，湖南、广东等十五个省接连宣布独立。由于那年为旧历"辛亥年"，故被称为"辛亥革命"，此即"南中各省倡议于前"。

三是以袁世凯为首的北洋势力的崛起。清末执行新政过程中，北洋大臣袁世凯在天津小站练兵，培养了一支当时国内最强大的现代化军队，被称为"北洋六镇"。虽然在武昌起义爆发前，袁世凯本人已被解除职务，但军队的实际掌控权却还在他手中。袁世凯复出后，"剿抚并用"，主持南北和谈，最后迫使清帝退位，此即诏书中所说的"北方诸将亦主张于后"。

武昌起义军政府旧址，坐北朝南，布局为"山"形，大楼主体建筑为红色楼房，砖木结构，因此别名红楼

为什么西方媒体都认为"非袁世凯不可"？

辛亥革命后，在临时政府的首脑人选问题上，国内无论是革命派，还是立宪派、旧官僚，都视袁世凯为最佳人选。

国外也是如此。武昌起义后，孙中山在美国募捐时，《纽约时报》就认为孙中山不会获得成功，该报还称"只有袁世凯是唯一能将和平与秩序重新给予中国的人"。英国驻华公使朱尔典则认为，在中国人民与清王朝之间，"没有任何人能够比袁世凯更适于充当调停者的角色，因为他是中国人民中最受信任的代表"。也许这句话略显夸张，但也从侧面反映出某些时人的心态，"收拾大局，非袁不可"的声浪颇为响亮。

袁世凯银元，图中是北洋政府1914年在造币总厂及江南造币厂开铸的一元银币，币面镌刻袁世凯头像，俗称"袁头币"或"袁大头"

除了北洋系硬实力，袁世凯还有哪些软实力？

武昌起义爆发后，面对无人可用的状况，清廷不得不重新起用在老家"养病"的袁世凯。除了北洋系硬实力之外，袁世凯在众人眼里还有一个重要的特征——开明。

袁世凯担任直隶总督期间，做了很多事。他利用《辛丑条约》的字面漏洞，突破条约的限制，首创警察制度。《辛丑条约》规定，天津方圆二十里不许驻扎军队。袁世凯便从自己的军队里抽出三千精锐，编为"巡警营北段"，一半进驻天津城负责治安，另一半驻守在塘沽、山海关、秦皇岛等地，又增添马队巡警、消防巡警，还安排了小汽船巡查河防。

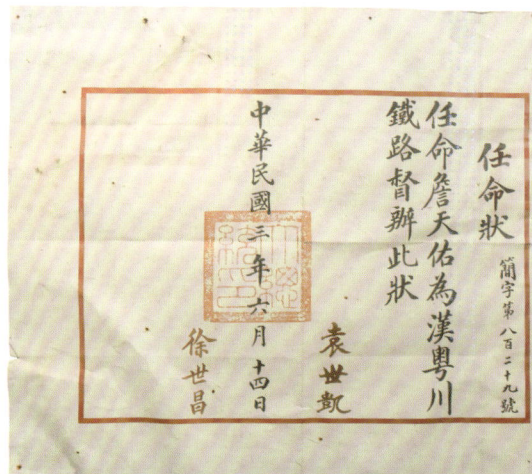

除此之外，袁世凯也是国内女子教育的首创者，率先提倡义务教育，拨钱督造中国人自建的第一条铁路——京张铁路，詹天佑就是袁世凯向朝廷举荐的。他还对天津的城市建设发展做出了贡献，天津最早的电灯和电车、自来水设备都是他兴建的。

这样一个开明的实干家，且拥有强大的军事实力，人脉网盘根错节，足以撼动局势，自然会被认为是主持局面的首要人选。不过，对于袁世凯的功过各有评说，他是中国近代史上最具争议的人物。

詹天佑的任命书

溥仪后来还登上过皇帝的宝座吗？

溥仪的一生跌宕起伏，极具传奇色彩。他三岁登基，三次被迫称帝，也三次退位，是晚清到新中国的历史见证人。

1917年，徐州军阀张勋发动兵变，拥立溥仪复辟，后因段祺瑞讨伐，复辟失败，这次溥仪仅仅当了12天的皇帝。

1931年，在日本人的威逼利诱下，溥仪潜赴东北，并于次年在长春建立傀儡政权——"满洲国"，这是他第三次称帝。日本战败后，他作为战俘被苏联军队抓获，五年后被引渡回国，在抚顺战犯管理所学习、改造。

1959年，根据中华人民共和国主席刘少奇签署的特赦令，溥仪获得特赦，后来还成为全国政协委员。1967年10月17日，溥仪因尿毒症在北京逝世，享年61岁。

溥仪西装照